Alexander Schwalm

Modernes Personalmanagement unter pädagogischem Einfluss

Wie Betriebs- und Organisationspädagogik die Personalarbeit in Unternehmen prägen

Bachelor + Master
Publishing

Schwalm, Alexander: Modernes Personalmanagement unter pädagogischem Einfluss: Wie Betriebs- und Organisationspädagogik die Personalarbeit in Unternehmen prägen, Hamburg, Bachelor + Master Publishing 2013

Originaltitel der Abschlussarbeit: Modernes Personalmanagement im Spannungfeld zwischen Betriebspädagogik und Organisationspädagogik

Buch-ISBN: 978-3-95549-347-9
PDF-eBook-ISBN: 978-3-95549-847-4
Druck/Herstellung: Bachelor + Master Publishing, Hamburg, 2013
Zugl. Universität Augsburg, Augsburg, Deutschland, Bachelorarbeit, Februar 2013

Bibliografische Information der Deutschen Nationalbibliothek:
Die Deutsche Nationalbibliothek verzeichnet diese Publikation in der Deutschen Nationalbibliografie; detaillierte bibliografische Daten sind im Internet über http://dnb.d-nb.de abrufbar.

Das Werk einschließlich aller seiner Teile ist urheberrechtlich geschützt. Jede Verwertung außerhalb der Grenzen des Urheberrechtsgesetzes ist ohne Zustimmung des Verlages unzulässig und strafbar. Dies gilt insbesondere für Vervielfältigungen, Übersetzungen, Mikroverfilmungen und die Einspeicherung und Bearbeitung in elektronischen Systemen.

Die Wiedergabe von Gebrauchsnamen, Handelsnamen, Warenbezeichnungen usw. in diesem Werk berechtigt auch ohne besondere Kennzeichnung nicht zu der Annahme, dass solche Namen im Sinne der Warenzeichen- und Markenschutz-Gesetzgebung als frei zu betrachten wären und daher von jedermann benutzt werden dürften.

Die Informationen in diesem Werk wurden mit Sorgfalt erarbeitet. Dennoch können Fehler nicht vollständig ausgeschlossen werden und die Diplomica Verlag GmbH, die Autoren oder Übersetzer übernehmen keine juristische Verantwortung oder irgendeine Haftung für evtl. verbliebene fehlerhafte Angaben und deren Folgen.

Alle Rechte vorbehalten

© Bachelor + Master Publishing, Imprint der Diplomica Verlag GmbH
Hermannstal 119k, 22119 Hamburg
http://www.diplomica-verlag.de, Hamburg 2013
Printed in Germany

Gliederung

1 **Einleitung** 3

2 **Die Betriebspädagogik** 5
   2.1   Was ist Betriebspädagogik? – Zugang und Theorie 5
   2.2   Möglichkeiten des Umgangs mit dem pädagogischen Prinzip im Betrieb 7
   2.3   Unternehmenskultur – Der Betrieb als pädagogische Institution 10
       2.3.1   Was kennzeichnet eine Unternehmenskultur? 10
       2.3.2   Kulturbewusste Führung, Führungskräfteentwicklung und Lernkultur 12

3 **Die Organisationspädagogik** 14
   3.1   Definition der Organisationspädagogik und Wichtigkeit des Organisationslernens . 14
   3.2   Ausgewählte organisationstheoretische Ansätze 18
   3.3   Organisationskultur – Die Basis für organisationales Lernen 21
       3.3.1   Was kennzeichnet eine Organisationskultur? 21
       3.3.2   Die Ermöglichung organisationalen Lernens durch Veränderungen im organisationalen Management 23

4 **Die Verwirklichung betriebs- und organisationspädagogischer Theorien im modernen Personalmanagement** 25
   4.1   Paradigmenwechsel von der Personalverwaltung hin zum Personalmanagement / Human Resource Management 26
   4.2   Ansätze für ein besseres und individuenzentrierteres Personalmanagement 29
       4.2.1   Interne Kommunikation 29
       4.2.2   Personelle Ressourcen als im Unternehmen eingebundenes und schwer handelbares Gut 32
       4.2.3   Integrierter Personalmanagement-Ansatz 35
   4.3   Personalmarketing und Recruiting 37
       4.3.1   Employer Branding 37
       4.3.2   Talent Relationship Management – Die Beziehung auf Augenhöhe 41
       4.3.3   Das Assessment-Center – mehr als ein bloßes Recruitinginstrument 43

5 **Schlussbemerkung** 49

6 **Literaturverzeichnis** 52

1 Einleitung

Die Grundlage eines jeden aufstrebenden und erfolgreichen Unternehmens sind seine Mitarbeiter. Sie liefern neue innovative Ideen, entwickeln neue Produkte, stellen diese her oder erbringen Dienstleistungen, sie kümmern sich um den reibungslosen Ablauf von Organisationsprozessen und repräsentieren das Unternehmen in der Öffentlichkeit. Natürlich sind eine *zündende* Geschäftsidee sowie auch die Qualität der Produkte oder Dienstleistungen ebenfalls von größter Bedeutung für den Unternehmenserfolg, doch lässt sich die Geschäftsidee nur mit fähigen Mitarbeitern verwirklichen und die Qualität von Produkten wie Dienstleistungen hängt letztlich von der Leistung des eingesetzten Personals ab. Kurz gesagt der Unternehmenserfolg steht und fällt mit den beschäftigten Mitarbeitern. Deshalb ist es von besonderer Wichtigkeit für jedes Unternehmen, einerseits die richtigen Mitarbeiter zu finden und andererseits für diese die bestmöglichsten Arbeitsbedingungen zu schaffen, damit sie ihr volles Potenzial entfalten können. Hierzu gehören auch die Aus- und Weiterbildung des Personals, die Personalentwicklung und die Motivation der Mitarbeiter. An diesem Punkt wird deutlich, dass eine erfolgreiche Unternehmensführung nicht nur auf ökonomischen Faktoren beruht, sondern gerade wenn es um die Mitarbeiter, sprich das Personalmanagement geht, noch eine andere Disziplin neben den Wirtschaftswissenschaften eine maßgebliche Rolle spielt – die Pädagogik!

Sicherlich denken viele bei Pädagogen zunächst an klassische Berufe wie Erzieher/in oder Lehrer/in, tatsächlich gibt es aber für Pädagogen und Erziehungswissenschaftler kein klar abgegrenztes oder exklusives Berufsfeld. „Je nach Zuschnitt der erworbenen Qualifikationen können sich ... Pädagogen in ganz unterschiedlichen Tätigkeitsfeldern ... beruflich etablieren" (Lüders, in Lenzen 2004, S.581). Auch in Unternehmen finden Pädagogen und Erziehungswissenschaftler heutzutage ihren Einsatz im Personalbereich und zwar besonders, wenn es um das immer wichtiger werdende Feld des betrieblichen Erwachsenenlernens geht.

> „Die Aus- und Weiterbildungsprogramme großer Betriebe nehmen zunehmend den Umfang von Büchern an, deren Studium eine ungewöhnlich große Mannigfaltigkeit pädagogischer Aktivitäten offenbart. Die Personalentwicklung als das insgesamt von Maßnahmen, die eine Verbesserung der Qualifikationen der Mitarbeiter, und zwar ebenso im Interesse der Betriebe wie zum Vorteile der Mitarbeiter, sind in wachsendem Maße eine entscheidende Voraussetzung für erfolgreiches wirtschaftliches Handeln der Betriebe. Demgemäß nimmt in allen Betrieben pädagogisches Handeln einen mehr oder weniger breiten Raum

ein: Als Personal- und Bildungsbedarfsplanung, als Planung, Organisation, Durchführung und Evaluation von Bildungsaktivitäten, als Rekrutierung, Beratung und Förderung von Bildungsteilnehmern. (…) Handeln des Betriebes und im Betrieb ist also nicht nur betriebswirtschaftliches, sondern auch pädagogisches Handeln" (Arnold 1997, S.9).

Durch diese Entwicklungen haben sich in der Pädagogik zwei Teildisziplinen herausgebildet, welche sich mit den pädagogischen Einflüssen und dem pädagogischen Handeln in Unternehmen beschäftigen: die Betriebspädagogik und die Organisationspädagogik. Gegenstand dieser Arbeit wird es sein aufzuzeigen, wie die Theorien, Ansätze und Erkenntnisse aus Betriebs- und Organisationspädagogik das moderne Personalmanagement prägen. Mit anderen Worten, es soll herausgestellt werden, wie sich das moderne Personalmanagement von Unternehmen heute in einem Spannungsfeld zwischen Betriebspädagogik und Organisationspädagogik befindet und welche Auswirkungen sich daraus ergeben. Als erstes gilt es dabei die Theorien und Ansätze der Betriebspädagogik und der Organisationspädagogik kennenzulernen und zu verstehen. Dabei möchte ich zunächst auf die Betriebspädagogik eingehen und auch näher betrachten, welche Möglichkeiten des Umgangs mit dem pädagogischen Prinzip im Betrieb sie darstellt sowie das Thema Unternehmenskultur, welches ebenfalls wichtige Einflüsse auf die Lernkultur im Unternehmen hat, beleuchten. Danach werden die Definition der Organisationspädagogik und das Organisationslernen genauer untersucht. So werden unterschiedliche organisationstheoretische Ansätze skizziert und es soll verdeutlicht werden, dass die Organisationskultur die Basis allen organisationalen Lernens ist. In Kapitel 4 schließlich möchte ich dann aufzeigen, wo und wie sich die Einflüsse von Betriebs- und Organisationpädagogik im modernen Personalmanagement manifestieren. Neben dem Paradigmenwechsel, weg von der bloßen Personalverwaltung und verschiedenen Ansätzen für ein individuenzentrierteres Personalmanagement möchte ich auch herausstellen, wie im Personalmarketing und Recruiting zunehmend Denkmuster und Erkenntnisse aus Betriebs- und Organisationspädagogik in unterschiedlicher Weise zum Einsatz kommen. Zum Schluss möchte ich als Resümee meine eigene Meinung zum Thema darlegen und einen Ausblick auf die Zukunft des – von der Pädagogik mit geprägten – Personalmanagements geben.

2 Die Betriebspädagogik

2.1 Was ist Betriebspädagogik? – Zugang und Theorie

Betrachten wir die Theorie der Betriebspädagogik, so ist als erstes festzuhalten, dass sie eine sehr individualpädagogische Orientierung besitzt. „Ansatzpunkt der Pädagogik ist das Individuum und nicht die Organisation oder der Betrieb. Die 'pädagogische Frage' ist die nach den Bedingungen der Möglichkeit, um die Kräfte des einzelnen Individuums emporzu*bilden*" (Arnold 1997, S.22). Der primäre Fokus der Betriebspädagogik liegt folglich auf dem Individuum im Betrieb, das gebildet und dessen Identitätsentwicklung gefördert werden soll und nicht auf dem Betrieb bzw. Unternehmen als solches. Möchte man nun eine erste Definition der Betriebspädagogik aufstellen, so ist es die folgende:

> „Die Betriebspädagogik als die Wissenschaft von der betrieblichen Bildungsarbeit hat nicht die betrieblichen Organisations- und Funktionszusammenhänge als solche zum Gegenstand, sondern das Individuum (den Mitarbeiter bzw. die Mitarbeiterin) als das in seinen Möglichkeiten zu entwickelnde und zu bildende Subjekt. Betriebliche Organisations- und Funktionszusammenhänge stellen für die Betriebspädagogik deshalb nur insofern einen Gegenstand dar, als sie diese Bildungsprozesse determinieren, d.h. auslösen, fördern oder auch behindern" (ebd., S.23).

Genau hier ergeben sich allerdings auch die Schwierigkeiten für die Betriebspädagogik. Wird der Betrieb zum Lernort, so stellt er die Rahmenbedingungen für alle Bildungsprozesse dar, die in ihm ablaufen. Jedoch folgt der Betrieb in erster Linie dem ökonomischen Prinzip, welches auf Gewinnmaximierung und Erhalt der Wettbewerbsfähigkeit hin ausgelegt ist. Somit sind alle pädagogischen Aktivitäten im Betrieb ebenfalls den ökonomischen Faktoren, wie Marktsituation, Kosten-Nutzen-Verhältnis und technischen Zwängen unterworfen. „Diese Besonderheit der betrieblichen im Unterschied zur außerbetrieblichen bzw. schulischen Bildungsarbeit findet u.a. ihren Ausdruck in der ärgerlichen Tatsache, daß ein Betrieb, der ökonomisch nicht überleben kann, auch keine Bildungsarbeit veranstalten kann" (vgl. Arnold 1990, S.20, zitiert nach Arnold, in Lenzen 2004, S.499). Jedoch ist auf lange Sicht auch gerade pädagogisches Handeln notwendig, um den ökonomischen Erfolg und damit die Überlebensfähigkeit des Betriebes zu sichern (vgl. Arnold, in Lenzen 2004, S.498 f.). Die Spannungen zwischen Pädagogik und Betrieb, die zunächst auf eine vermeintliche Unvereinbarkeit von pädagogischem und ökonomischem Prinzip schließen lassen, können in nachfolgender

Tabelle verdeutlicht werden, welche die beiden Bedeutungshöfe Betrieb und Pädagogik einander gegenüberstellt:

Abbildung 1: Assoziierbare semantische Bedeutungshöfe der Begriffsbestandteile
"Betrieb" und "Pädagogik" (Arnold 1997, S.25)

	Betrieb	Pädagogik
Bedeutungshöfe	„Reich der Notwendigkeit"	„Reich der (pädagogischen) Freiheit"
	zweckrationales Handeln Gewinnorientierung	sinn- und wertbezogenes Handeln Bildungsorientierung
	„harte", „rücksichtslose" Realität	„behütete" Realität
	„Verwertung" der menschlichen Arbeitskraft	umfassende Entwicklung und Förderung der menschl. Fähigkeiten
	„Unterwerfung" unter die „Gesetze" des Arbeitsmarktes	Selbstentwicklung, Selbstfindung (Identität)

Wie bereits erwähnt sind in der Betriebspädagogik aber Betrieb und pädagogisches Handeln gegenseitig aufeinander angewiesen. Ohne einen funktionierenden Betrieb der Bildungsarbeit ermöglichen kann, ist diese nicht durchführbar und ohne adäquate Bildungsarbeit ist auch der Betrieb auf Dauer nicht wettbewerbs- und damit überlebensfähig. Insbesondere da lebenslanges Lernen, Persönlichkeitsentwicklung und – wie wir in Kapitel 3 sehen werden – das Lernen der Organisation heutzutage wichtige Kriterien in einem jeden Betrieb geworden sind (vgl. Arnold, in Lenzen 2004, S.497). „Pädagogische Innovationen müssen deshalb heute in einigen Betrieben bereits nicht mehr *gegen* die [vornehmlich ökonomischen, Anm. d. Verf.] Interessen der Führungskräfte und *gegen* die 'Sachgesetze' der Produktion durchgesetzt werden; sie werden vielmehr von diesen selbst zunehmend eingefordert" (ebd., S.498). Darüber hinaus bleibt zu konstatieren, dass die Betriebspädagogik, als pädagogische Disziplin, sich nicht nur als eine bloß erklärende Gegenstands- und Handlungstheorien erarbeitende Wissenschaft versteht. Neben den technokratischen *Was?* (der Frage nach den Gegenständen) und *Wie?* (der Frage nach der Anwendung im Handeln und Gestalten) ist für sie außerdem das *Wozu?* (die Frage nach der Bildung) von grundlegender Bedeutung, weshalb die Betriebspädagogik zudem auf ganzheitliches Verstehen und berufsethische Reflexion verwiesen ist (vgl. Arnold 1997, S.42).

Historisch gesehen entwickelte sich die Betriebspädagogik bereits in den 1930er Jahren als eine zunächst sehr theoretische Wissenschaft, die sich um Gesamtentwürfe und die Klärung von Grundbegriffen bemühte und später ihre Fragestellungen weiter ausdifferenzierte, bis sie sich seit den 1980er Jahren zu einer zunehmend interdisziplinär orientierten Wissenschaft entwickelte, die nun auch für die Praxis betrieblicher Bildungsarbeit große Relevanz besitzt (vgl. ebd., S.53). Seit der Innovationsphase der Betriebspädagogik, welche eben seit den 1980er Jahren stattfindet, verbesserte sich die betriebliche Bildungsarbeit unter pädagogischen Gesichtspunkten zunehmend. Immer prägnanter steht die ganzheitliche Bildung des Individuums im Vordergrund und nicht mehr nur die reine Vermittlung von Fachwissen. „Insgesamt beginnen die Betriebe, den Akzent der Personalentwicklung stärker auf die Motivation und Mitarbeiterförderung zu legen, weniger auf die Integration, Loyalität und Kontrolle. Unübersehbar gewinnt der 'humane Faktor' in den neuen Produktionskonzepten und in der betrieblichen Bildungsarbeit an Gewicht, und die Betriebswirtschaftslehre entwickelt sich selbst zunehmend zur Wissenschaft von der Entwicklung menschlicher Qualifikationen und Potentiale" (Arnold, in Lenzen 2004, S.503). Um das pädagogische Prinzip von Bildungsansprüchen und der Identitätsentwicklung des Individuums sowie einer zunehmenden Humanisierung im Betrieb zu verwirklichen, gibt es in der Betriebspädagogik fünf idealtypische Möglichkeiten des Umgangs mit diesem Prinzip. Diese sollen nun nacheinander dargestellt und erklärt werden.

2.2 Möglichkeiten des Umgangs mit dem pädagogischen Prinzip im Betrieb

Die erste Möglichkeit besteht in der *Aufgabe* des pädagogischen Prinzips. Hierunter werden betriebspädagogische Ansätze verstanden, welche sich darauf beschränken Bildungstechnologien zu erarbeiten, um Aus- und Weiterbildungsmaßnahmen von Betrieben effektiver zu gestalten. Darunter fallen Planungshilfen, Lernzielsammlungen, didaktische Pakete, Evaluierungsinstrumente etc., die betriebliche Bildungsmaßnahmen didaktisch präziser und methodisch wirksamer machen sollen, dabei aber einen grundlegenden Dialog über den Bildungsgehalt sowie über Funktionen und Ziele der Maßnahmen vernachlässigen (vgl. Arnold 1997, S.26). Betriebliche Bildungsarbeit wird somit als rein sachliche Aufgabe zur Optimierung von Didaktik und Methodik gesehen. Gerade das für die Betriebspädagogik konstitutive *Wozu?*, eben die Frage nach der Bildung und das ganzheitliche und reflexive Verstehen, findet in diesem Ansatz keine Beachtung.

Zweite Möglichkeit ist die *Ausklammerung* des pädagogischen Prinzips. Hierbei wird „… von einer pragmatischen Einschätzung der betrieblichen Gegebenheiten und Möglichkeiten aus[gegangen], die es … als 'bedenklich' erscheinen [lässt], 'dem Betrieb allgemeine Bildungsfunktionen zuzuweisen, die gemeinhin dem öffentlichen Schulwesen zukommen', weil Bildungsfunktionen 'in Verantwortung gegenüber unserer ganzen Gesellschaft geleistet werden müssen'" (Blättner/Münch 1965, S.163, zitiert nach Arnold 1997, S.27). Die Ausklammerung des Bildungsanspruches für Betriebe resultiert außerdem auch aus der Sorge, „… daß 'Bildung im Betrieb' letztlich nicht ohne eine gewisse Verfälschung des Bildungsgedankens realisiert werden würde, wenn diese nicht der öffentlichen Berufsbildung vorbehalten bliebe" (Arnold 1997, S.27). Einerseits bleibt hier jedoch festzuhalten, dass die betriebliche Bildungsarbeit auch gerade im Sinne des beruflichen Kompetenzerwerbs durch die Weiterbildung zunehmend an Bedeutung gewinnt und andererseits stellt sich die Frage, welcher öffentliche Lernort auf dem Gebiet der Weiterbildung überhaupt Bildung garantieren und das pädagogische Prinzip zeitgemäß verwirklichen kann (vgl. ebd., S.27).

Als drittes ist die *Verfälschung* des pädagogischen Prinzips zu nennen. Dieser Ansatz beschränkt den Bildungsgedanken auf reines Anpassungslernen an die Gegebenheiten des Betriebes. Im Vordergrund stehen Disziplinierung und Befriedung der Mitarbeiter, „… unterschlagen bzw. 'eingeebnet' wird der pädagogische Anspruch, den einzelnen auch zur Kritik und zum Widerstand gegen entmündigende Realitäten zu befähigen" (ebd., S.27). Auf diese Weise wird durch eine Verfälschung des pädagogischen Prinzips eine Ideologisierung aller Abläufe im Betrieb vorgenommen und die bestehende betriebliche Führungs- und Bildungspraxis pädagogisch gerechtfertigt (vgl. ebd. S.27 f.). In dem Falle dient das pädagogische Prinzip also ausschließlich einer Rechtfertigung der bestehenden Verhältnisse im Betrieb, bzw. wie bereits gesagt einem Anpassungslernen an vorhandene Strukturen. Ganzheitliche Bildung, Humanisierung der betrieblichen Bedingungen und vor allem eine Identitätsentwicklung des Individuums werden hier ausgeschlossen.

Das *Beharren* auf dem pädagogischen Prinzip stellt die vierte Möglichkeit dar. Bei Ansätzen dieser Art wird der bestehenden betrieblichen Bildungsarbeit generell eine Ideologisierung im Sinne der Verfälschung des pädagogischen Prinzips unterstellt. „Demgegenüber 'beharren' diese Ansätze auf einer umfassenden Pädagogisierung betrieblicher Arbeitsverhältnisse und weisen auch auf die 'Unteilbarkeit' von Menschenwürde und Bildungsrechten der Mitarbeiter hin" (ebd., S.28). Ebenso wird der Ausschluss größerer Bevölkerungsteile von (interessanter)

Arbeit durch die Selektion von Hoch- und Geringqualifizierten sowie dadurch auftretende Arbeitslosigkeit oder unterwertige Beschäftigung kritisiert und auch auf die ökologischen Bedrohungen durch das fortschreitende Wirtschaftswachstum hingewiesen. Das Beharren auf dem pädagogischen Prinzip besitzt also einerseits eine „umfassende individualpädagogische Orientierung", welche sich auf alle Individuen bezieht, egal ob bestehender, potenzieller oder ehemaliger Mitarbeiter eines Betriebes, andererseits bindet es auch die gesellschaftlichen Folgen der fortschreitenden Technologiesierung und des Wirtschaftswachstums mit ein (vgl. ebd., S.29). Allerdings charakterisiert dieses Beharren auf dem pädagogischen Prinzip somit genau das entgegengesetzte Extrem zu allen rein ökonomischen Prinzipien des Betriebes, wodurch es in der Praxis nur schwerlich akzeptiert und kaum in Form einer wirkungsvollen Betriebspädagogik durchgesetzt werden kann. Zudem distanzieren sich Betriebspädagogen, die ausschließlich auf dem pädagogischen Prinzip beharren auch selbst von den Betrieben, da sie es für nicht legitim halten, einen Bereich mitzugestalten, der ebenfalls von Kosteneffektivität, Machtinteressen und anderen ökonomischen Gegebenheiten geprägt ist (vgl. ebd., S.30). Auf diese Art kann in der betrieblichen Praxis nicht pädagogisch interveniert und keine erfolgreiche Betriebspädagogik konstituiert werden.

Fünftens ergibt sich die *pädagogische (Mit-)Gestaltung* des Betriebs. Das Ziel dieses Ansatzes ist es, die heutzutage durch Innovationen in Wirtschaft und Technik gegebenen Gestaltungsspielräume zu nutzen, um die Betriebe pädagogisch (mit-) zu gestalten. „Grundlegend ist die Auffassung, daß die technische und arbeitsorganisatorische Entwicklung keineswegs nur nach ökonomischen oder technischen Sachzwängen erfolgt, sondern vielmehr auch durch von Menschen getroffene Entscheidungen 'gestaltet' wird" (ebd., S.31). Um diese neu gewonnenen Gestaltungsspielräume zu nutzen, damit mehr Humanität sowie die Bildung und Identitätsentwicklung des Individuums erreicht werden kann, muss jedoch sowohl eine größere Aufgeschlossenheit und ein vermindertes Kontrollbewusstsein auf der Ebene des Managements erzielt werden, als auch die Förderung sozialer Kompetenzen auf Ebene der Mitarbeiter gestärkt werden, damit diese ihre Freiräume für eine humane Gestaltung von Technik und Arbeitsplatz auch sinnvoll nutzen und sich konstruktiv am betrieblichen Geschehen beteiligen können (vgl. ebd., S.32). „Damit ist der Forschung- und Entwicklungsrahmen für eine Betriebspädagogik grob abgesteckt, die sich als eine pädagogische Disziplin versteht und sich an der Mitgestaltung der sich wandelnden betrieblichen Kooperations- Qualifizierungsprozesse zu beteiligen sucht" (ebd., S.32 f.). Die pädagogische Mitgestaltung des Betriebes ist folglich die idealtypische Möglichkeit des Umgangs mit dem pädagogischen Prinzip, wie sie in einer erfolgreichen betriebspädagogischen Praxis Anwendung finden sollte und – wie wir in Kapitel 4 sehen werden – dies heute auch tut.

2.3 Unternehmenskultur – Der Betrieb als pädagogische Institution

2.3.1 Was kennzeichnet eine Unternehmenskultur?

Spricht man von Betriebspädagogik und pädagogischen Konzeptionen in der betrieblichen Bildungsarbeit, so darf ein wichtiger Faktor, welcher jeden Betrieb kennzeichnet, nicht vergessen werden – die Unternehmenskultur. Als erstes stellt sich die Frage, was eine Unternehmenskultur überhaupt ist?

> „Unternehmenskultur ... läßt sich verstehen als '(...) eine unternehmensspezifische Struktur von Normen und Werten, ein Gerüst und ein Vorrat an Sinnstrukturen, die der gemeinsamen Wahrnehmung der Arbeitswirklichkeit eines Unternehmens zugrundeliegt' (Dürr 1988a, 5). (...) Unternehmenskultur bezeichnet in diesem Sinne das 'soziale Biotop' (Conrad 1988, 94) des arbeitenden Menschen, d.h. das Insgesamt der Werte, Symbole und Orientierungen, die es ihm gestatten, sich mehr oder weniger problemlos in der sozialen Gemeinschaft 'Betrieb' zu orientieren" (Arnold 1997, S.112).

Hieraus wird ersichtlich, dass die Unternehmenskultur auch eine essentielle Grundlage für alle Formen der betrieblichen Bildungsarbeit darstellt. Denn nur wenn man die Unternehmenskultur versteht, kann man auch die Vorgänge im Unternehmen begreifen und nur dann auch eine erfolgreiche pädagogische Bildungsarbeit im Betrieb praktizieren. „Die Lern-, Veränderungs- und Entwicklungsfähigkeit eines Unternehmens kann nur mit einem tiefen Verständnis unternehmenskultureller Prozesse erhalten bleiben" (Schein 1995, S.11). Insofern ist das Verstehen der Unternehmenskultur auch eine wichtige Voraussetzung des Organisationslernens und der Weiterentwicklung von Unternehmen als Organisationen, welche wir in Kapitel 3 noch ausführlich behandeln werden. Aus pädagogischer Sicht ist die Unternehmenskultur überhaupt sehr interessant, da es um „... die von allen Mitarbeitern 'gemeinsam' gestaltete und interpretierte Wirklichkeit [geht], wobei gerade die 'nicht-ökonomischen' Werte, die das gemeinsame Arbeiten und das 'Miteinander-Umgehen' bestimmen, die Unternehmenskultur 'ausmachen'" (AGP 1986, S.7, zitiert nach Arnold 1997, S.89). Der Betrieb wird folglich gewissermaßen auch zur pädagogischen Institution in welcher – ganz nach dem pädagogischen

Prinzip – der humane Faktor ebenfalls eine wichtige Rolle spielt und in Übereinstimmung mit der Unternehmenskultur Bildung ermöglicht werden kann.

Entscheidend, wenn es um betriebliche Bildung auf Grundlage der Unternehmenskultur geht, ist das *Deutungsmuster-Konzept*. Nach diesem handeln Menschen in sozialen Situationen auf Grundlage der Bedeutung, die solche Situationen für sie haben. Möchte man also eine erfolgreiche betriebliche Bildungsarbeit durchführen, so muss man erst das Handeln, die Motive, das Weiterbildungs- und Lernbedürfnis des Mitarbeiters „aus seiner Situation heraus" verstehen (vgl. Arnold 1997, S.112). Diese Situation, in welcher sich der Mitarbeiter im Betrieb befindet, ist abhängig und geprägt von der Unternehmenskultur, genauer gesagt von der *Ist-Kultur* des Unternehmens. Die Ist-Kultur ist jene, welche bereits im Unternehmen besteht und verwirklicht wird. Demgegenüber steht die sogenannte *Soll-Kultur*, die „... als 'Unternehmens-Philosophie' häufig in Form von schriftlich fixierten Leitsätzen [dem Unternehmensleitbild, Anm. d. Verf.] einerseits für die Öffentlichkeit bestimmt ist, andererseits auch in der betrieblichen Bildungsarbeit propagiert wird" (Huber 1987, S.178, zitiert nach Arnold 1997, S.92). Die Soll-Kultur kennzeichnet sozusagen den Idealtypus der Unternehmenskultur, welcher durch eine schrittweise Angleichung der bestehenden Ist-Kultur erreicht werden sollte. Für die Betriebspädagogik stellt diese Angleichung, die durch Lern- und Bildungsprozesse im Unternehmen realisiert werden kann, um bestehende Missstände und dysfunktionale Strukturen in der bestehenden Unternehmenskultur abzubauen, das größte Interesse dar. Von Bedeutung ist aber auch die angestrebte Soll-Kultur, denn hier gilt es zu untersuchen, ob diese auch mit dem pädagogischen Prinzip vereinbar ist, das heißt, ob hier ein für die Mitarbeiter angenehmes und humanes Betriebsklima vorherrschen würde, das auch ihrer weiteren Identitätsentwicklung förderlich wäre.

Schließlich bleibt noch festzuhalten, dass natürlich jedes Unternehmen bzw. jeder Betrieb eine andere Unternehmenskultur besitzt, in der auch andere Normen und Werte vorherrschen, die zur Wahrnehmung verschiedener Arbeitswirklichkeiten führen. „Mit jedem Eintritt in ein neues Unternehmen, sei es bei Ausbildungsantritt, oder bei einem Berufs- oder Betriebswechsel, ist auch ein Eintritt in einen 'fremdkulturellen Kontext' verbunden" (Arnold 1997, S.116). Hierbei können sich Probleme der Enkulturation für einen Mitarbeiter in einem neuen Betrieb ergeben. Er muss sich zunächst neu orientieren und an die bestehende Unternehmenskultur gewöhnen. In dieser Anfangszeit wird der Mitarbeiter nicht sein volles Potenzial ausschöpfen können und sind die Enkulturationsprobleme gar zu umfassend, wird er vielleicht niemals seine volle Arbeitskraft entfalten können und/oder sich unwohl in diesem Betrieb fühlen. Diesen Sachverhalt werden wir in Kapitel 4.2.2 noch genauer an einigen Beispielen veranschaulichen. Doch betrachten wir nun, wie eine kulturbewusste Führung zu einer besseren Lern- und Weiterbildungskultur beitragen kann.

2.3.2 Kulturbewusste Führung, Führungskräfteentwicklung und Lernkultur

Die Einflüsse auf die Lern- und Arbeitssituation in einem Betrieb lassen sich am besten in der folgenden Grafik verdeutlichen:

Abbildung 2: Triebkräfte des Wandels (Arnold 1997, S.88)

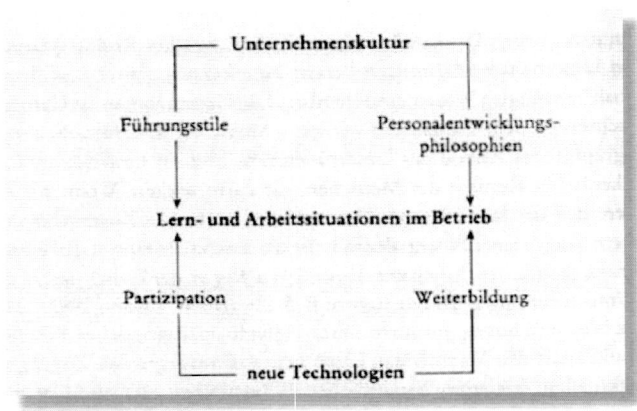

Hier wird ersichtlich, dass neben den neuen Technologien, welche die Art der Weiterbildung und auch die Partizipationsmöglichkeiten der Mitarbeiter bestimmen, vor allem die Unternehmenskultur entscheidende Auswirkungen auf die Lern- und Arbeitssituation im Betrieb hat. „Dabei sehen sich insbesondere die Führungskräfte vor das Problem gestellt, ihre Aufgabe weniger im Sinne von Machtausübung als vielmehr im Sinne der Förderung eines ständigen Lern- und Entwicklungsprozesses 'ihrer' Abteilung wahrzunehmen" (Arnold, in Lenzen 2004, S.497). Wie schon beim Ansatz der pädagogischen Mitgestaltung des Betriebes angesprochen, ist im Management und bei den Führungskräften mehr Aufgeschlossenheit und Offenheit für die Selbstorganisation der Mitarbeiter sowie ein vermindertes Kontrollbewusstsein von Nöten, „… um Formen einer stärker mitarbeiterorientierten, kulturbewußten Unternehmensführung, die auf ganzheitliches Erfassen und Gestalten von Kooperations- und Qualifizierungsprozessen im Betrieb angelegt [ist]" (Arnold 1997, S.93), zu ermöglichen und zu etablieren. An diesem Punkt ist die Führungskräfteentwicklung gefragt. Um eine stärkere Pädagogisierung der Führungsstile zu erreichen, die kulturbewusste Führung ermöglicht, ist es notwendig im Bewusstsein der Führungskräfte den Schwerpunkt von der instrumentellen, rationalen Führungspraxis hin zu einer ideellen Führungsverantwortung und einem Führungshandeln zu verlagern (vgl. ebd., S. 94). Inwiefern die Führungskräfte hierfür geschult und qualifiziert werden müssen, fasst Arnold (1997) sehr treffend zusammen:

„Ganzheitliche, kulturbewußte Unternehmensführung setzt bei den Führungskräften methodische und soziale Kompetenzen voraus, wodurch sich deren professionelles Profil an das von Pädagogen annähert. Zweckrationales Theoriewissen (um Wenn-Dann-Zusammenhänge) ist zu ergänzen um Selbstreflexionswissen. Hierfür ist eine 'Arbeit' an der eigenen Subjektivität (gemeint: der Führungskräfte) erforderlich" (ebd., S.95).

Eine erfolgreiche Führungskräfteentwicklung in diesem Sinne ist daher essentiell, um zu einer stärker pädagogisierten Unternehmenskultur beizutragen. In dieser sind professionelle soziale Kompetenzen in Form von kommunikativem Handeln, situativem Verstehen und einer produktiven Gelassenheit im Umgang mit unstrukturierten und offenen Situationen (vgl. ebd., S.96) unerlässlich. Doch derartige soziale Kompetenzen können den Führungskräften nicht einfach angelernt werden, vielmehr müssen sie sich bei jenen in einem längerfristigen, selbstreflexiven Vorgang *entwickeln*, weshalb heutzutage auch der Begriff der Führungskräfte*entwicklung* vorrangig vor dem der Führungskräftequalifizierung verwendet wird. Hier werden deshalb langwierigere Bildungsprozesse gebraucht, in welchen die Führungskräfte sich selbst, die Führungssituation und ihre Rolle in dieser verstehen lernen (vgl. ebd., S.96 f.).

Eine wirkliche Lern- und Weiterbildungskultur nach betriebspädagogischen Idealen, lässt sich allerdings nur dann realisieren, wenn – wieder einmal zeigt sich der ganzheitliche Gedanke – nicht nur die Führungskräfte, sondern alle Mitarbeiter ihre Qualifikationen weiterentwickeln können und Zugang zur Weiterbildung haben. Eine im betriebspädagogischen Sinne humanistische Konzeption betrieblicher Weiterbildung muss deshalb allen Mitarbeitern offenstehen, mit den Mitarbeitern in sogenannten Personalentwicklungsgesprächen vereinbart sein, der Vermittlung fachlicher und außerfachlicher Qualifikationen (soziale Kompetenzen) dienen, Mobilität und Unabhängigkeit durch anerkannte Zertifizierung fördern und sich durch den Einsatz einer selbständigkeitsfördernden Didaktik und Methodik auszeichnen (vgl. ebd., S.99 f.). Bezüglich dieser Schritte besteht in der Praxis bei vielen Betrieben noch Verbesserungsbedarf. Aus dem Bestreben jedoch „… die Lernkulturen betrieblicher Weiterbildung tatsächlich nach den Maßgaben der optimistischen Anthropologie einer mitarbeiterorientierten, kulturbewußten Unternehmensführung zu entwickeln und eine Identität zwischen Weiterbildungs- und neuer Unternehmenskultur herzustellen, Unternehmenskultur durch Weiterbildungskultur zu 'befördern'" (Münch 1988, S.242, zitiert nach Arnold 1997, S.100), resultiert eines der Hauptziele der Betriebspädagogik.

3 Die Organisationspädagogik

3.1 Definition der Organisationspädagogik und Wichtigkeit des Organisationslernens

Während in der Betriebspädagogik der Mitarbeiter als Individuum im Vordergrund steht und die Organisations- und Funktionszusammenhänge des Betriebes quasi nur die Rahmenbedingungen darstellen, unter welchen das Lernen des Individuums ermöglicht und gefördert werden soll (vgl. Kapitel 2.1), geht die Organisationspädagogik noch einen entscheidenden Schritt weiter: „Denn Organisationspädagogik soll sich nicht nur mit dem Lernen *in* der Organisation befassen, sondern darüber hinaus auch klären, was es heißt *für* die Organisation zu lernen..." (Geißler 2000, S.48). Genauer gesagt beschäftigt sich die Organisationspädagogik vorrangig mit dem Lernen *der* Organisation, welches im Weiteren als Organisationslernen bzw. organisationales Lernen bezeichnet wird. „...Organisationen werden als 'von unten' zu entwickelnde, durch Gruppenprozesse sowie individuelle Verhaltens- und Einstellungsänderungen gestaltbare soziale Einheiten verstanden" (Arnold 1997, S.81). Nun muss man feststellen, dass es eine Vielzahl unterschiedlicher Organisationen gibt: Kirchen, Schulen, diverse Vereine, Finanz- und Arbeitsämter, wirtschaftliche Unternehmen und Betriebe (auf welche ich mich in diesem Kapitel hauptsächlich beziehen möchte) und viele mehr. Als gemeinsame Definition all dieser verschiedenen Organisationen lässt sich jedoch festhalten: „Eine Organisation ist eine Gemeinschaft, die sich von ihrem Kontext abgrenzt und damit Innen- und Außenbeziehungen unterscheidbar macht" (Geißler 2000, S.43). Für die Organisationspädagogik ist hierbei besonders die Analyse dieser Innen- und Außenbeziehungen einer Organisation bedeutsam, da sie alle Bedingungen und Abläufe des Arbeitens, Handelns und Lernens in der Organisation prägen. Die essentielle Hauptfrage der Organisationspädagogik ergibt sich schließlich daraus, wie sich die Bedingungen einer Organisation durch Lernen, das heißt durch *gemeinsame Erkenntnissuche* aller Organisationmitglieder verbessern lassen (vgl. ebd., S.45). Diese gemeinsame Erkenntnissuche durch Lernen ermöglicht das Lernen und die Weiterentwicklung der ganzen Organisation und ergänzt damit sozusagen die individualpädagogische Perspektive und das pädagogische Prinzip der Betriebspädagogik um das Organisationslernen.

> „Die Voraussetzung für ein solches Lernen *der* Organisation ist, daß die einzelnen Organisationsmitglieder *in* ihrer Organisation die dafür notwendigen Kompetenzen haben bzw. erlernen. In diesem Sinne meint organisationales Lernen (organizational learning) ein individuelles Lernen, das die einzelnen Organisationsmitglieder untereinander so abstimmen, daß es möglich wird, gemeinsam die sozialen Regeln und Interaktionsstrukturen, die ihrem Arbeiten und Kooperieren zugrunde liegen, zu verbessern (Geißler 1998a, 1998b, 1998d). Auf diese Weise wird das individuelle Lernen der einzelnen zum Gemeinschaftslernen der Organisation" (Geißler 2000, S.50).

Als nächstes stellt sich die Frage, ob überhaupt eine Notwendigkeit für das Organisationslernen besteht bzw. ob es überhaupt wichtig ist, dass Organisationen als soziales System lernen? Tatsächlich hat das Organisationslernen gerade in der heutigen Zeit eine enorme Bedeutung! „Denn immer mehr Organisationen erfahren durch zum Teil sich dramatisch verändernde Kontexte oft sehr schmerzhaft, daß das Althergebrachte, d.h. daß die gewachsenen Strukturen und Strategien und das vorliegende Wissen und Können nicht ausreichen, um die Zukunft zu bewältigen. Immer deutlicher erkennen sie, daß sie lernen müssen, wie sie in einer Umwelt, die sich immer schneller und tiefgreifender verändert, überleben können" (ebd., Vorwort S.1). Hierbei muss Bestehendes in Frage gestellt, Fehler müssen erkannt und Lösungen für neue Probleme erarbeitet werden. Auch das *Ent-lernen* spielt deshalb beim Organisationslernen eine entscheidende Rolle. Wenn bestehende und vorherrschende Denkmuster und Verhaltensweisen in einer Organisation einmal zum Erfolg geführt haben, müssen sie trotzdem wieder verändert und ent-lernt werden, wenn sie nachweislich dysfunktional geworden sind. Besonders für Unternehmen ist es darum dringend erforderlich, sich nicht auf vorangegangenem Erfolg auszuruhen, sondern als Organisationen zu lernen und sich weiterzuentwickeln, auch wenn das damit oft verbundene Ent-lernen meist sehr schwierig ist, da die gewohnte Art, wie die Dinge lange Zeit funktionierten, schon fest eingraviert ist (vgl. Arnold 1997, S.183). Daraus resultiert die Herausforderung, dass in der Gegenwart meist nicht mehr einzelne Probleme auftreten, sondern Organisationen mit ganzen Problemnetzen konfrontiert werden (vgl. Geißler 2000, S.6). Diese Problemnetze müssen identifiziert und es muss ihnen wirkungsvoll durch Organisationslernen entgegengetreten werden, um Krisen vorzubeugen und sie dadurch abzuwenden. Wie bereits der amerikanische Ökonom und Politiker Walt Whitman Rostow erkannte: „Krisen meistert man am besten, indem man ihnen zuvorkommt" (Rostow, zitiert nach www.zitate-online.de). Infolgedessen ist es eine wichtige Aufgabe der Organisationspädagogik „… durch gezielte Irritationen das kollektive und zukunftsbezogene Nachdenken in einer Organisation anzuregen. Organisationales Lernen ist somit nicht nur eine Krisenstrategie. Es ist vielmehr auch eine Form antizipativen Lernens" (Arnold 1997, S.183).

Das grundlegende organisationspädagogische Prinzip der gemeinsamen Erkenntnissuche und des Organisationslernens verdeutlicht Geißler (2000) noch einmal sehr deutlich, indem er die Aufgabe der Organisationpädagogik nennt:

> „In einer Organisation für die Organisation zu lernen, bedeutet also, sich mit den anderen Organisationsmitgliedern auf den Weg zu machen, um zu erkennen, wodurch sich die vorliegende Organisation auszeichnet und wie sie wünschenswerter Weise sein sollte. Hierbei Aufklärungsunterstützungen zu geben ist die Aufgabe der *Organisationspädagogik*" (ebd. S.46).

Für die Organisationspädagogik ist folglich der IST- und der SOLL-Zustand einer Organisation von Interesse. Ähnlich wie bei der Unternehmenskultur in Kapitel 2.3 wird auch bei den Organisationen der IST-Zustand überprüft und anschließend festgelegt, wie sich ein optimaler SOLL-Zustand präsentieren sollte, um diesen im Idealfall zu erreichen. „Eine Organisation kann nur dann angemessen gesehen und erkannt werden, wenn man sie im *Spannungsfeld zwischen Ist und Soll* betrachtet" (ebd., S.47). Wie sich der ideale Soll-Zustand einer Organisation konkret darzustellen hat, kann jedoch nicht von der Organisationspädagogik vorgegeben werden, sondern muss von den Organisationsmitgliedern in der gemeinsamen Erkenntnissuche selbst gelernt und erarbeitet werden (lernende Organisation), wobei die Organisationspädagogik in der Praxis allerdings sozialtechnisch-methodische und normativ-orientierende Hilfen anbieten muss (vgl. ebd., S.47). Kurz gesagt gibt die Organisationspädagogik der Organisation nicht vor, *wie* sie sich inhaltlich zu entwickeln hat, sondern gibt ihr Methoden und Hilfen an die Hand, *damit* sie sich erfolgreich selbst weiterentwickeln kann. Da das Organisationslernen immer auch auf Basis des individuellen Lernens aller Organisationsmitglieder abläuft, ist es die Aufgabe der Organisationspädagogik *Lernbrücken* zu bauen, um das individuelle Lernen zu erweitern und auf die Ebene des Organisationslernens zu bringen. Die Tabelle in Abbildung 3 zeigt die wichtigsten Lernbrücken, die individuelles Lernen mit organisationalem Lernen verknüpfen. So wird offensichtlich, dass es für organisationales Lernen keinen Lehrer erfordert. Das Lehr-Lern-Gefälle, wie es beim individuellen Lernen weitgehend bekannt ist, muss überwunden werden, damit alle Organisationsmitglieder Lehrer und Lernende zugleich werden. Das Ziel besteht schließlich darin, eine Unternehmenskultur mit kollektiver Wissensbasis zu entwickeln. Nur auf diese Weise ist Organisationslernen und somit die Weiterentwicklung der Organisation als Ganzes möglich. In diesem Zusammenhang wird auch von Organisations*entwicklung* gesprochen.

Abbildung 3: Individuelles und organisationales Lernen - zwei Seiten eines Prozesses
(Arnold 1997, S.184)

	Individuelles Lernen	Lern-Brücken	organisationales Lernen
A Inhalte	Fachwissen sowie Sozial- und Methoden-Kompetenz	Schlüssel-qualifikationen Moderation und Partizipation	geteilte Deutungen und Visionen von Routinen und Strategien (Deutungs- und Interpretationswissen)
B Ziele	individueller Kompetenzerwerb	Gestaltungs-kompetenz Mitarbeiter-orientierung	Entwicklung von Unternehmenskultur und kollektiver Wissensbasis
C Formen	eher institutionalisierte individuelle und soziale Lernprozesse	Umgang mit Unsicherheit gezielte Irritation	eher alltäglich-beiläufiges Lernen (durch Kooperations- und Führungserfahrung)
D „Lehrer" bzw. Lernagenten	Ausbilder, Weiterbildner und Führungskräfte	Lehr-Lern-Gefälle kein Lehr-Lern-Gefälle	alle Organisationsmitglieder
E Lernergebnis	Kognition und Kompetenz als Ergebnis-„Speicher"	Handlungslernen Transparenz und Veränderbarkeit	Reglements, Organisationshandbücher, Betriebserfahrung und Computer

Durch das Organisationslernen und die damit verbundene Organisationsentwicklung werden also in einem Unternehmen zwei Ziele nachweisbar: einerseits die Überlebenssicherung (Krisenstrategien) und die Steigerung der Wettbewerbsfähigkeit sowie andererseits eine Verbesserung der Bedingungen für die Mitarbeiter (Organisationsmitglieder) inklusive kollektiver Wissenserweiterung. Mit anderen Worten verfolgt eine lernende Organisation „... eine *doppelte Zielsetzung* ..., nämlich die Verbesserung bzw. Steigerung *betrieblicher Effektivität* und *individueller Humanität*" (Geißler 2000, S.115). Hier werden auch wieder Gedanken des pädagogischen Prinzips – wie wir es bei der Betriebspädagogik kennengelernt haben – erkennbar, hinsichtlich Bildung (wenngleich auch hier in kollektiver Form) und Humanisierung. Damit Organisationslernen und Organisationsentwicklung erfolgreich stattfinden können, bedarf es unbedingt eines passenden Managements der Organisation am besten in Form eines *reflexiven Managements*. Diesen Sachverhalt möchte ich in Kapitel 3.3.2 ausführlicher dokumentieren. Betrachten wir zunächst erst einmal verschiedene organisationstheoretische Ansätze, um einen Einblick zu erhalten, wie unterschiedlich das Verständnis von und damit die Bedingungen in einer Organisation als Arbeitsgemeinschaft sein können.

3.2 Ausgewählte organisationstheoretische Ansätze

Sehen wir uns als erstes die Managementlehre von Taylor, auch *Taylorismus* genannt, ausführlicher an. Sie wurde von Frederick W. Taylor entwickelt und als *wissenschaftliche Betriebsführung* konzipiert. Übergeordnete Idee war die Rationalisierung organisationaler Arbeit und die Schaffung einer bestimmten Ordnung. Diese Ordnung sollte im Rahmen von wissenschaftlichen Experimenten ermittelt werden, was erstmals der gemeinsamen Suche nach Erkenntnis nahekommt (vgl. Geißler 2000, S.29 f.). Neben einem rein leistungsbezogenen Lohn setzte Taylor außerdem vier grundlegende Ordnungsregeln durch, die festen Bestand haben und keinerlei Experimenten unterzogen werden sollten. Diese waren die Trennung von Kopf- und Handarbeit, eine Leistungsvorgabe inklusive Auszahlung eines Bonus bei Leistungserreichung und Strafen bei Nichterreichung, eine Qualifikationsdiagnostik der Arbeiter, damit sie im Betrieb bestmöglich eingesetzt und ihre Fähigkeiten optimal genutzt werden können sowie die Versöhnung von Management und Arbeitern dadurch, dass der zu verteilende Gewinn so groß ist, dass beide Seiten zufrieden sind (vgl. ebd., S.30). Zudem wurden alle Arbeiten durch verschiedene Manager und Meister genauestens kontrolliert und überwacht. Das Grundkonzept des Taylorismus hat bis heute einen enormen Erfolg und zwar weniger aufgrund der Wissenschaftlichkeit oder einer guten Theorie, als vielmehr weil es eine Ordnung erschuf, die dem Management eine starke Kontrolle sowie Macht über die Arbeiter gab (vgl. Kieser 1995, S.83). Hierbei wird indes eindeutig ersichtlich, dass dieser Ansatz weder einer kulturbewussten, mitarbeiterorientierten Unternehmensführung und einer Humanisierung des Betriebes, noch dem kollektiven Organisationslernen aller Mitarbeiter gerecht wird. So ist es nur verständlich, wenn sich unter diesen Bedingungen Widerstand seitens der Arbeiter offenbart. Schließlich trägt der Ansatz des Taylorismus „...zwei Grundbedürfnissen des Menschen nicht Rechnung, nämlich dem Hang nach sozialer Nähe und Sympathie und dem Wunsch, daß die Arbeit und der Umgang mit den Kollegen und Kolleginnen, Vorgesetzten und Untergebenen auch etwas Spaß machen sollte" (Geißler 2000, S.31).

Diese Bedürfnisse der Arbeiter berücksichtigt die *Organisationsvorstellung der Human Relations-Bewegung*. Hier wurde erkannt, „...daß es im 'wohlverstandenen eigenen Interesse' der

Unternehmer ist, auch *sozial-emotionale Beziehungen* zu ihren Arbeitern zu pflegen und ... auch dafür zu sorgen, daß die Arbeit zumindest ein wenig Spaß macht" (ebd., S.31 f.). Den Ursprung hat dieser Ansatz in den sogenannten Hawthorne-Experimenten (1924-1932), als der Einfluss der Beleuchtung auf die Arbeitsproduktivität getestet wurde. Dabei stellte sich heraus, dass die Arbeitsproduktivität der Mitarbeiter tatsächlich anstieg, jedoch nicht aufgrund der veränderten Beleuchtung, sondern einfach durch die Zuwendung, welche die Arbeiter durch die wissenschaftliche Begleitung bekamen und durch die teilweise Umgestaltung der Arbeit, die zu etwas mehr Spaß an der Arbeit führte (vgl. ebd., S.32). Daraus resultierend wurde eine Rationalisierung der Arbeit erreicht, die nicht auf den bisherigen Maßgaben von Macht, Ordnung und Kontrolle beruhte. Um diesen Ansatz weiter zu verfolgen und erfolgreich umzusetzen, bedurfte es eines nondirektiven, einfühlsamen und weniger autoritären Führungsstils. Mitarbeitergespräche, die unter derartigen Aspekten stattfanden, stellten sich als äußerst motivierend heraus und führten zu einer stärkeren Kooperationsbereitschaft vieler Arbeiter (vgl. ebd., S.32). Dieser – später von der Organisationsentwicklung und der Humanisierung der Arbeit aufgenommene – Ansatz hatte folgende Ansprüche (Strauss-Fehlberg 1978, S.95, zitiert nach Kieser 1995, S.118):

> *„Schaffung von Entscheidungs- und Gestaltungsmöglichkeiten für den Arbeitnehmer, Verantwortung und Abwechslung bei der Arbeit, Möglichkeiten zur Aufnahme sozialer Kontakte durch und bei der Arbeit, Abbau der Trennung, von Entscheidung, Ausführung und Kontrolle, Aufhebung übertriebener Arbeitsteilung (durch job rotation, job enlargement und job enrichment), Abbau unnötig aufgebauschter Hierarchien, Arbeit als Möglichkeit für Lern- und Weiterbildungsprozesse, Neubestimmung von Leistungsnormen."*

Die Organisationsvorstellung der Human Relations-Bewegung schafft somit eine ideale Ausgangsbasis für die Steigerung der Effektivität und der Humanität einer Organisation, ganz im organisationspädagogischem Sinne. Besonders bemerkenswert ist, wie job rotation, job enlargement und job enrichment gerade heutzutage ein wichtiges Mittel in der Personalentwicklung geworden sind. Dies zeigt wie modern und zukunftsweisend diese Ideen schon damals waren.

Mit der Frage wie sich eine Organisation legitimiert und wie sich ihre Beziehungen zu ihrem Kontext gestalten, beschäftigen sich *institutionalistische Ansätze*. Hier wird auf die Wissenssoziologie zurückgegriffen und untersucht, wie gesellschaftliche Selbstverständlichkeiten entstehen und schließlich sogar als objektive Gegebenheiten betrachtet werden. Im weiteren

Sinne bedeutet dies, dass die Gesellschaft auch Vorstellungen und Erwartungen darüber entwickelt, wie eine Organisation auszusehen hat, welche Merkmale ihr zugrunde liegen und ob die formalen Strukturen und Verfahren einer Organisation auch als gesellschaftlich legitim beurteilt werden (vgl. Geißler 2000, S.40 f.). In diesem Zusammenhang besteht ein doppelter Kontext für die Organisation, der einerseits aus sogenannten *technischen Umwelten besteht*, die durch Handel, Marktbedingungen und Effizienzkriterien von Arbeitsprozessen bestimmt werden und andererseits aus *institutionellen Umwelten*, die von den institutionalisierten gesellschaftlichen Werten, Idealen und Regeln bestimmt werden (vgl. Kieser 1995, S.276). Diese institutionalistischen Ansätze sind vor allem auch im Hinblick auf die Organisationsentwicklung entscheidend, da hier gewissermaßen durch die Gesellschaft ein Rahmen vorgegeben wird, innerhalb dessen sich die Organisation am besten weiterentwickeln und zukünftig handeln sollte – und das zu ihrem eigenen Wohlergehen!

> „Denn die Beachtung gesellschaftlicher Legitimationsvorstellungen ist für die Organisation nicht zuletzt auch ökonomisch relevant, weil nur dann, wenn den Erwartungen der Gesellschaft angemessen Rechnung getragen wird, die Organisation ein gutes Image hat und deshalb leichter öffentliche Aufträge oder Subventionen bekommt bzw. gute Chancen auf dem Personal- und Finanzmarkt hat" (Geißler 2000, S.41).

Allerdings übt nicht nur die Gesellschaft ihrerseits einen Einfluss auf die Organisation aus. Ebenso können wiederum Organisationen die Quelle von Institutionalisierungen sein und die moderne Gesellschaft in ihrem Wesen prägen. Auf diese Art werden die Kriterien, welche Organisationen für die gesellschaftliche Legitimität benötigen, letztlich auch von ihnen selbst erschaffen (vgl. ebd., S.42).

Betrachten wir als letztes noch die *interpretativen* und *emanzipativen* Ansätze. Im Mittelpunkt steht hierbei die interpersonelle Kommunikation des einzelnen Subjekts zum Zweck der Sinnsuche. Genauer ausgedrückt steht hier die gemeinsame Erkenntnissuche durch Diskurs bzw. Lerndialog im Vordergrund (vgl. ebd., S.42) – wobei wir wieder beim Kerngedanken des Organisationlernens angelangt wären. „Auf diese Weise werden Kommunikation und Lernen in einer Weise zusammengebracht, die Anlaß dafür ist, den bisher nur für das einzelne Individuum reservierten *Lernbegriff* auch für Organisationen zu verwenden" (ebd., S.42). Der Diskurs bzw. Lerndialog kann dabei sowohl Zweckrational sein (z.B. Wie wird wirtschaftlicher Erfolg erreicht?), als auch Wertrational (z.B. Was ist Sinn und Existenzberechtigung der Organisation?). Ein wichtiges Merkmal ist dagegen, dass der Diskurs Themen beinhaltet, die für die

Diskussionsteilnehmer bedeutsam sind und dass er stets herrschaftsfrei ist. Demgemäß sollten Diskussionen über strittige Ziele und Normen durch Überzeugung zur Einigung gebracht werden und nicht durch Überredung, Zwang oder Drohungen (vgl. ebd., S.42 f.). In den interpretativen und emanzipativen Ansätzen konstituiert sich die Organisation also durch die gemeinsame Erkenntnissuche im Sinne organisationalen Lernens und erhält damit die Identität einer lernenden Organisation. Aus organisationspädagogischer Sicht muss jedoch noch eine wichtige Gegebenheit analysiert und verstanden werden, die für die Weiterentwicklung und das Identitätslernen der Organisation von herausragender Bedeutung ist – die Organisationskultur.

3.3 Organisationskultur – Die Basis für organisationales Lernen

3.3.1 Was kennzeichnet eine Organisationskultur?

Gewissermaßen als ein Äquivalent der Unternehmenskultur, die wir bei der Betriebspädagogik kennengelernt haben, ist in der Organisationspädagogik die Organisationskultur ein wichtiger Faktor, der hinter den Werten und Verhaltensmustern der Organisationsmitglieder steckt. „Sie [die Organisationskultur, Anm. d. Verf.] bildet die Grundlage, die die Organisationsverfassung mit Leben füllt, die die Organisationspolitik glaubwürdig macht und die der Organisationsvision Kraft gibt. Will man letztere verändern bzw. weiterentwickeln, muß man mit der Organisationskulturentwicklung beginnen" (Geißler 2000, S.92). Die Frage ist nun, worauf beruht die Organisationskultur und wie entsteht sie? In erster Linie ist die Organisationskultur ein Muster von grundlegenden Vorannahmen (basic assumptions), die von der Gemeinschaft in einem Problemlösungsprozess gefunden werden, der sich auf das Problem der Anpassung der Gemeinschaft an ihre externe Umwelt und das Problem der Integration Einzelner in die Gemeinschaft bezieht. Haben sich diese Vorannahmen bewährt, so werden sie gegen Veränderungen geschützt und unhinterfragt an neue Mitglieder weitergegeben (vgl. ebd., S.92). Die Organisationskultur beruht auf diesen basic assumptions und ist daher – ähnlich wie die Unternehmenskultur – den Organisationsmitgliedern nicht direkt bewusst und auch nur schwer bewusst zu machen, obwohl sie latent in all ihren Einstellungen und Handlungsweisen vorhanden ist und somit auch von ihnen reproduziert wird. Für die Pädagogik ist die Organisationskultur deshalb von so großer Relevanz, da sie gewissermaßen die Basis für das Organisationslernen und vor allem für das Identitätslernen von Organisationen bildet. Mit der Organisationskultur bildet sich nämlich die Organisation – wie ein Individuum auch – eine eigene

Identität und definiert sich über diese. Die Organisationskultur ist jedoch nicht nur eine wichtige Bedingung und Grundlage für das Lernen, sondern auch selbst ein Lernprodukt und zwar ein Ergebnis von individuellem und gemeinschaftlichem Lernen (vgl., ebd. S.93).

> „Aus diesem Grunde ist es für die Begründung einer Organisationspädagogik von größter Wichtigkeit zu klären, wie die einzelnen Organisationsmitglieder je für sich und in der Gemeinschaft mit anderen ihre organisationskulturelle Basis gemeinsamer 'basic assumptions' bilden und entwickeln. Die besondere Schwierigkeit ist dabei allerdings, daß jene Basis ihren 'Besitzern' weitgehend verschlossen ist, weil sie ihren Sitz im Bereich des Unbewußten hat. Sie können also nicht direkt 'gesehen' werden, sondern müssen aus den Phänomenen, in denen sie sich konkretisieren, erschlossen werden" (ebd., S.93).

Insofern stellt sich nun eine für die Organisationspädagogik charakteristische Aufgabe. Denn wie in Kapitel 3.1 erläutert, muss sie der Organisation dabei Hilfestellung geben sich weiterzuentwickeln und eine lernende Organisation zu werden. Dies kann die Organisationspädagogik jedoch nur, wenn sie den IST-Zustand der Organisation und damit ihre bestehende Organisationskultur zu identifizieren vermag. Um folglich die Phänomene zu erkennen und zu erfassen, welche aus den basic assumptions der vorherrschenden Organisationskultur resultieren, muss man zuerst überlegen, wie diese basic assumptions konkret aussehen könnten und worauf sie sich beziehen. Hierzu lassen sich sieben Dimensionen der basic assumptions unterscheiden (vgl. Schein 1985, S.128-134, nach Geißler 2000, S.93 ff.):

- Dimension 1, welche die Beziehungen der Organisation zu ihrem Umfeld und die basic assumptions der Organisation über sich selbst beinhaltet,
- Dimension 2, welche die basic assumptions der Organisation über die Wirklichkeit beinhaltet und Auswirkung darauf hat, wie die Organisation Realität und Wahrheit als Grundlage für organisationale Entscheidungen sieht,
- Dimension 3, welche die basic assumptions der Organisation über die Zeit und die Zeitstruktur beinhaltet,
- Dimension 4, welche die basic assumptions der Organisation über den Raum und dessen Verfügbarkeit und Strukturierbarkeit beinhaltet,
- Dimension 5, welche die Natur des Menschen und damit die basic assump-tions der Organisation über ihre Mitarbeiter und Führungskräfte beinhaltet,
- Dimension 6, welche die basic assumptions der Organisation über die Natur menschlichen Handelns beinhaltet und

- Dimension 7, welche die basic assumptions der Organisation über die Natur zwischenmenschlicher Beziehungen beinhaltet.

Diese sieben Dimensionen der basic assumptions geben der Organisationskultur ihre Gestalt. Jedoch möchte ich nicht noch einmal detaillierter auf jede dieser Dimensionen eingehen, da für die Organisationspädagogik vielmehr von Bedeutung ist, wie offen und veränderbar – und damit lernbereit – die bestehende Organisationskultur ist. Wie in Kapitel 3.1 bereits erwähnt, spielt hierbei die Einstellung des Managements der Organisation eine entscheidende Rolle.

3.3.2 Die Ermöglichung organisationalen Lernens durch Veränderungen im organisationalen Management

Nur wenn das Management einer Organisation Veränderungsprozesse und einen Wandel bestehender Strukturen erlaubt, kann eine für Lernprozesse offene Organisationskultur etabliert und somit organisationales Lernen ermöglicht werden. Hier steht das Konzept der „*traditionsbestimmten insularen Kultur*" dem der „*mit dem Kontext vernetzten zukunftsorientierten Kultur*" gegenüber (Geißler 2000, S.95). Während Ersteres auf einer in sich geschlossenen Organisationskultur beruht und davon ausgeht, dass alle für die Organisation relevanten Fragen bereits beantwortet sind, beruht das Zweite auf einer offenen Organisationskultur, die dazu auffordert Fragen zu stellen und deshalb lernförderlich ist (vgl. ebd., S.96). Doch nicht nur die Offenheit, sondern auch die Differenziertheit einer Organisationskultur sowie die Rolle der Mitarbeiter und der Führungskräfte in ihr sind ausschlaggebend dafür, ob sie lernförderlich ist oder nicht. In der Tabelle in Abbildung 4 wird anschaulich verglichen, wie ein traditio-o-nelles und lineares Management Organisationskulturformen hervorbringt, die eher hinderlich auf das Lernen wirken, wohingegen ein modernes reflexives Management Formen der Organisationskultur hervorbringt, die das Lernen begünstigen. Doch wie soll nun ein reflexives Management aussehen und gestaltet sein, damit eine Lernkultur in der Organisation ermöglicht werden kann? Diese Fragen haben wir schon in Kapitel 2.3.2 beantwortet, als es um kulturbewusste Führung und die Etablierung einer Lernkultur ging. Genau wie bei der Unternehmenskultur ist es nämlich auch in der Organisationskultur zunächst der Anspruch an die Führungskräfte, ihre Aufgabe nicht vornehmlich in Kontrolle und Machtausübung zu betrachten, sondern Aufgeschlossenheit gegenüber der Eigenverantwortung der Mitarbeiter zu zeigen und Führungsverantwortung zu übernehmen. Management und Führungskräfte müssen Abläufe und Prozesse in der Organisation ganzheitlich und gleichfalls in Bezug zu ihren Kontexten erfassen.

Abbildung 4: Organisationskultur zwischen linearem und reflexivem Management (Geißler 2000, S.97)

	lineares Management	reflexives Management
Offenheit	Traditionsbestimmte insulare Kultur	vernetzte, zukunftsorientierte Kultur
Differenziertheit	Leitungsorientierte Einheitskultur	bereichsdifferenzierende Patchworkkultur
Rolle der MitarbeiterInnen	Kultur kollektivistischer Angepaßtheit	Kultur subjektsensibler Entwicklungsimpulse
Rolle der Führungskräfte	kostenorientierte konservative Technokratie	dialogisch nutzenorientierte innovative Führungskultur

Schließlich müssen sie ihr Handeln situativ anpassen, selbst reflektieren und ihre Erfahrungen mit allen Organisationsmitgliedern, auch den *einfachen Mitarbeitern*, austauschen. Nur so ist es erreichbar ein Lernen aller Organisationsmitglieder, egal auf welcher hierarchischen Ebene und damit ein Lernen der ganzen Organisation, sprich das Organisationslernen zu ermöglichen sowie es in die Organisationskultur zu integrieren. Hierfür ist ein Wandel und Umbau auch der Struktur und des Aufbaus der Organisation von Nöten, wie es in folgender Grafik bildlich dargestellt wird:

Abbildung 5: Umbau von Wirtschaftsorganisationen (Warnecke 1993, S.190, in Geißler 2000, S.80)

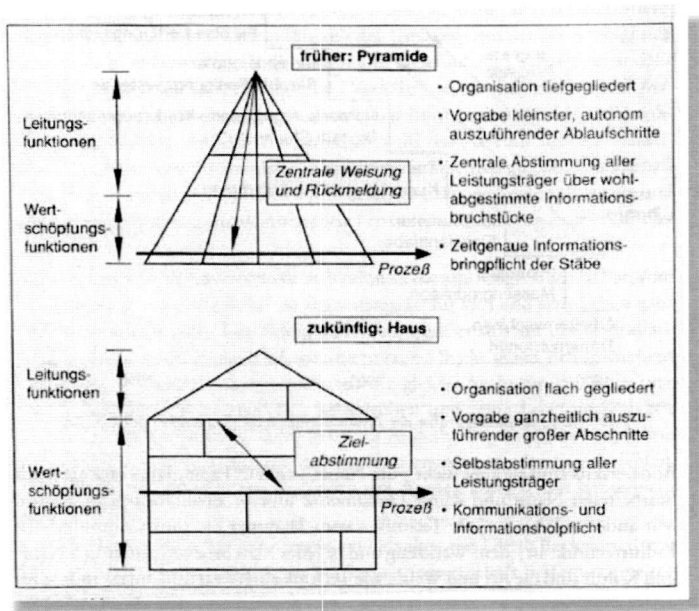

Waren Organisationen früher stark in der Hierarchie gegliedert wie eine Pyramide, in welcher alle Weisungen und Ziele von der Führungsspitze ausgingen und vorgegeben wurden, so sind sie bereits heute und in Zukunft immer stärker wie ein Haus mit flachen Hierarchieebenen aufgebaut, in welchem die Zielabstimmung direkt zwischen verschiedenen Organisationseinheiten stattfindet und jeder ein Mitbestimmungsrecht erhalten kann. Ziel ist dadurch eine Erhöhung der Wertschöpfungsfunktion der Organisation und eine obligatorische Verbesserung der Kommunikation und Information zwischen allen Organisationseinheiten – und damit auch aller Organisationsmitglieder. Ein reflexives Management und eine Umgestaltung des Aufbaus einer Organisation nach diesem Vorbild kann also die Organisationskultur durch eine Lernkultur im Sinne organisationalen Lernens bereichern. Letztendlich hebt die Organisationspädagogik auch auf einen Paradigmenwechsel in der Anschauung von Organisationen ab, „… nämlich auf den Wechsel vom Denkmodell, daß man sich eine Organisation wie eine *Maschine* vorzustellen hat, hin zu dem Denkmodell, sie sich wie einen *Organismus* bzw. ein *Biotop vorzustellen*" (Geißler 2000, S.67), in welchem viele einzelne, lebendige Bestandteile, von denen jedes so wichtig ist wie das andere, zu einem großen Ganzen werden, das durch und mit seinen Bestandteilen lernen und sich weiterentwickeln kann.

4 Die Verwirklichung betriebs- und organisationspädagogischer Theorien im modernen Personalmanagement

Wir haben nun viel über die beiden pädagogischen Teildisziplinen Betriebspädagogik und Organisationspädagogik in Erfahrung gebracht. Dabei sind wir weit in ihre Theorien vorgedrungen und haben auch komplexe Sachverhalte und Zusammenhänge kennengelernt, die beschreiben, was sich hinter Betrieben bzw. Organisationen verbirgt, wie das Handeln aller Beteiligten beeinflusst wird und wie ein ideales Management bzw. ein idealer Betriebs-/ Organisationsaufbau im pädagogischen Sinne gestaltet werden sollte. In diesem Kapitel wollen wir jetzt genauer analysieren, wie sich moderne Personalarbeit gegenwärtig darstellt. Das Hauptaugenmerk soll darauf gerichtet werden, wo und wie betriebs- und organisationspädagogische Theorien bereits Einfluss in das moderne Personalmanagement gefunden haben. Kurz gesagt wollen wir nun eruieren, wie die Theorien der Betriebspädagogik und der Organisationspädagogik in der Praxis des modernen Personalmanagements von Unternehmen umgesetzt werden.

4.1 Paradigmenwechsel von der Personalverwaltung hin zum Personalmanagement / Human Resource Management

Als erstes ist zu konstatieren, dass sich das Personalmanagement – seit es in Unternehmen überhaupt das Bewusstsein für betriebliche Personalarbeit gibt – radikal verändert hat. „Seit der Herausbildung eigenständiger Personalabteilungen in industriellen Großunternehmen im ausgehenden 19. Jahrhundert haben sich Inhalt, Ziele und Methoden des Personalmanagement fundamental gewandelt" (Holtbrügge 2010, S.1). Auf diese Weise hat sich auch die Begrifflichkeit gewandelt. War früher hauptsächlich von der *Personalverwaltung* bzw. von der *Personaladministration* die Rede, so wird heute der Begriff *Personalmanagement* verwendet (vgl. ebd., S.2). Was genau steckt nun hinter diesem Wandel? Wie der Begriff Personalverwaltung schon aussagt, umfassten ihre Aufgaben früher hauptsächlich die Verwaltung der Personalakten, das Führen von Lohn- und Gehaltsabrechnungen sowie die Sicherstellung des recht- und ordnungsmäßigen Ablaufes der Personalpolitik. Nicht verwunderlich deshalb, dass eine Position in der Personalverwaltung damals hauptsächlich von Juristen besetzt wurde. Ein weiteres Hauptziel bestand darin, eine möglichst hohe Arbeitsproduktivität der Mitarbeiter zu erzielen, wodurch die Arbeitskräfte als reine Produktionsfaktoren wie beispielsweise Maschinen und Rohstoffe betrachtet wurden – Personalverwaltung ist hier eine Aufgabe, die besonders gut von Ingenieuren ausgeübt werden konnte (vgl. ebd., S.1). Es wird deutlich, dass in dieser Art der Personalverwaltung die *Aufgabe des pädagogischen Prinzips* (vgl. Kapitel 2.2) vorherrscht. Weder Bildung noch Identitätsentwicklung des Mitarbeiters spielen eine Rolle, er ist bloßer Produktionsfaktor, dessen Bedürfnisse, Emotionen und Wünsche – entgegen der Humanisierung – nicht weiter von Belang sind. Im modernen Personalmanagement hingegen stehen als Ziele die Zufriedenheit der Mitarbeiter und die Wirtschaftlichkeit des gesamten Unternehmens im Vordergrund. Mitarbeiter werden so zu Organisationsmitgliedern, „… deren Bedürfnisse und Qualifikationen bei Entscheidungen im Hinblick auf die Erzielung einer möglichst hohen Arbeitszufriedenheit zu berücksichtigen sind" (Holtbrügge 2010, S.2). Abbildung 6 zeigt die grundlegenden Veränderungen im Wandel von der Personalverwaltung hin zum Personalmanagement anschaulich zusammengefasst. Darüber hinaus ist das Personalmanagement durch diesen Wandel auch zunehmend wichtiger für das gesamte Unternehmen geworden, da es jetzt auch von großer Bedeutung für Wirtschaftlichkeit und Wettbewerbsfähigkeit ist. „Das Unternehmen kann als ein globales Netz gesehen werden, das durch den offenen Dialog unterschiedlicher Menschen aus unterschiedlichen Kulturen getragen wird. Gegenseitiger Respekt, Fairness im Umgang miteinander und partnerschaftliche, leistungsfördernde Führung sind dabei von entscheidender Bedeutung" (Feninger, in Bahl 2009, S.215 f.).

Abbildung 6: Von der Personalverwaltung zum Personalmanagement (Holtbrügge 2010, S.2)

	Personalverwaltung	Personalmanagement
Ziele	• Rechtmäßigkeit • Arbeitsproduktivität	• Zufriedenheit • Wirtschaftlichkeit
Leitbilder	• Bürokratie (Verwaltungsorientierung)	• Markt (Wettbewerbsorientierung)
Menschenbild	• *homo oeconomicus* • Normalarbeitskraft	• *complex man* • Organisationsmitglied
wissenschaftliche Grundlagen	• Recht • Verwaltungswissenschaften • Ingenieurwissenschaften	• Betriebswirtschaftslehre • Verhaltenswissenschaften
Umweltzustand	• statisch	• dynamisch
Antriebskräfte	• Gesetzgeber	• Wettbewerb
Instrumente	• Dienstanweisungen und Verwaltungsvorschriften • Senioritätsprinzip • Hierarchie • formale Qualifikationen	• leistungsorientierte Anreizsysteme • Partizipation • Personalcontrolling • Gruppenarbeit

Dies stützt somit einerseits die Thesen aus Betriebs- und Organisationspädagogik, dass vor allem ein humanes, reflexives und verantwortungsvolles Verständnis bei Management und Führungskräften wichtig ist, wenn sich Unternehmen erfolgreich weiterentwickeln und eine aussichtsreiche Überlebens-/ Wettbewerbsstrategie *lernen* wollen. Andererseits gewinnen in diesem Zusammenhang auch das Lernen und die Bildung des Individuums im Unternehmen immer größere Bedeutung. „Die Fähigkeit zu lernen und sich auf neue Anforderungen aktiv einzustellen wird zu einem entscheidenden Erfolgsfaktor" (Feninger, in Bahl 2009, S.207). Um dieser Tatsache Rechnung zu tragen, muss sich auch die betriebliche Bildungsarbeit, das heißt die Lern- und Weiterbildungsprogramme der Unternehmen, weiterentwickeln. Diese müssen stärker pädagogisch, also an Lern- und Entwicklungsbedürfnissen des Individuums ausgerichtet werden, die Organisationsentwicklung und das Organisationslernen vorbereiten und die Lern- und Unternehmenskultur mitarbeiterorientiert entwickeln (vgl. Arnold 1997, S.186). So haben sich heutzutage vor allem die Struktur der betrieblichen Bildungsarbeit, sprich das Lernsetting und die Rolle des Lehrers bzw. Trainers maßgeblich verändert. In Abbildung 7 wird dargestellt, wie sich die moderne Wissens- und Lernorganisation im Unternehmen von der Trainer- hin zur Teilnehmerorientierung gewandelt hat. Der Trainer ist nun in den meisten Fällen nicht mehr als Lehrer zu verstehen, der den Teilnehmern die zu lernenden

Inhalte vermittelt, sondern das Lernen im Unternehmen findet vielmehr als selbstgesteuertes und selbstbestimmtes Lernen statt, in welchem sich die Teilnehmer die Inhalte selbst erschließen. Der Trainer wird dabei zum Ermöglicher und Begleiter des Lernprozesses, unterstützt diesen und bietet gegebenenfalls Hilfestellungen an. Insgesamt zeigt sich, dass zunehmend auch pädagogische Kompetenzen, wie beispielsweise Einfühlungsvermögen, Gesprächsführung, Selbstreflexion und Wissen über didaktische Arrangements und Lernprozesse, eine immer bedeutendere Rolle im modernen Personalmanagement spielen. Ein Grund dafür weshalb heute nicht mehr nur Juristen, Ingenieure oder Wirtschaftswissenschaftler Positionen im Personalmanagement besetzen, sondern auch Pädagogen und Erziehungswissenschaftler.

Abbildung 7: Rollenveränderung in der Wissens- und Lernorganisation (Feninger, in Bahl 2009, S.209)

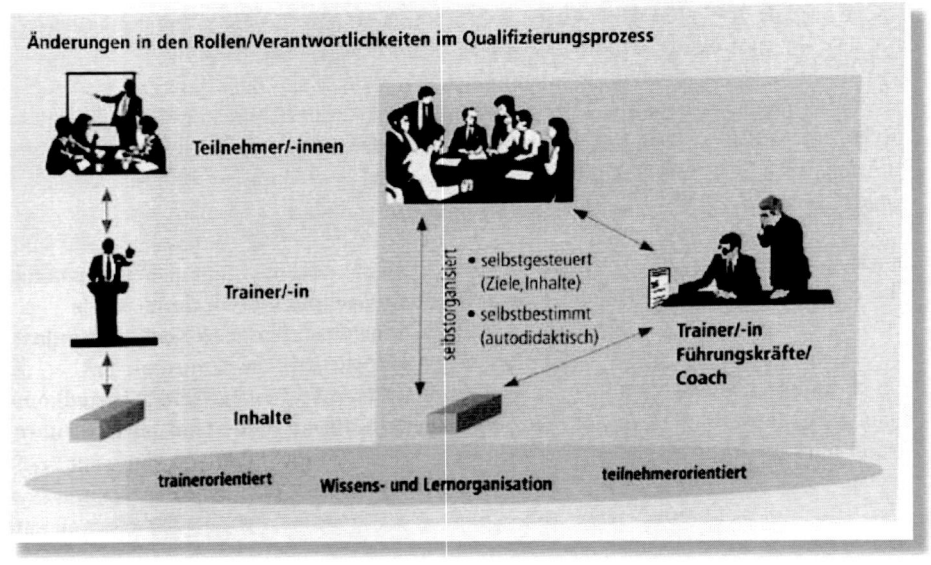

Zusammenfassend lässt sich festhalten:

„Personalmanagement ist heute nicht mehr auf administrative Aufgaben wie die Lohn- und Gehaltsabrechnung und das Führen von Personalakten beschränkt, sondern wird immer mehr zu einem strategischen Erfolgsfaktor der Unternehmensführung. Als Folge davon gibt es kaum noch Mitarbeiter, die nicht mit verschiedenen Aspekten des Personalmanagement konfrontiert sind – sei es als Führungskraft, in der Personalabteilung, im Rahmen der betrieblichen Mitbestimmung oder als von personalpolitischen Maßnahmen Betroffene" (Holtbrügge 2010, Vorwort S.1).

Der englische Begriff *Human Resource Management*, der heutzutage synonym zum deutschen Personalmanagement gebraucht wird, verdeutlicht, wie nun der Mensch als wichtige humane Ressource für das Unternehmen im Mittelpunkt des Personalmanagements steht. Somit ist der Paradigmenwechsel von der Personalverwaltung hin zum Personalmanagement in gewisser Weise auch eine Paradigmenangleichung an die Individuenorientierung und die *verstehende Vernunft* der Pädagogik (vgl. Arnold 1997, S.87). Betrachten wir deshalb im Weiteren, wie durch verschiedene Personalmanagementansätze ein individuenzentrierteres und damit auch ein für das gesamte Unternehmen/ die gesamte Organisation besseres Personalmanagement realisiert wird.

4.2 Ansätze für ein besseres und individuenzentrierteres Personalmanagement

4.2.1 Interne Kommunikation

In Kapitel 3.2 haben wir bei den organisationstheoretischen Ansätzen bereits die Organisationsvorstellung der Human Relations-Bewegung kennengelernt. Ausgangspunkt waren die Hawthorne-Experimente, in denen festgestellt wurde, dass sich die Arbeitsproduktivität der Mitarbeiter deutlich erhöht, wenn sie mehr Zuwendung erfahren und sich ihre sozialen und emotionalen Beziehungen am Arbeitsplatz verbessern. Auch im modernen Personalmanagement spielen diese Erkenntnisse in Form des Human Relations-Ansatzes noch eine wichtige Rolle. „Die zentrale These des Human Relations-Ansatzes lautet demzufolge, dass die Verbesserung der sozialen Beziehungen (Gruppendynamik, informelle Kommunikation) und sozialen Bedingungen (betriebliche Einrichtungen wie Altersversorgung, Verpflegung, Sportstätten, etc.) die Arbeitszufriedenheit der Mitarbeiter steigert und diese wiederum zu steigenden Arbeitsleistungen führt" (Holtbrügge 2010, S.13). Der Human Relations-Ansatz hat dazu beigetragen, die Humanisierung der Arbeit weiter voranzutreiben und somit die Arbeitsbedingungen sowie das soziale Arbeitsklima für die Mitarbeiter weiter zu verbessern (vgl. ebd., S.13).

Die Kerngedanken des Human Relations-Ansatzes finden gegenwärtig beispielsweise ihren Einfluss in der *internen Kommunikation*, welche ich hier am Beispiel von Volkswagen, dem größten deutschen Automobilhersteller, darstellen möchte. Mithilfe interner Kommunikation kann das Arbeitsklima deutlich verbessert und durch Motivation der Mitarbeiter auch deren Engagement für die Arbeit und somit ihre Produktivität gesteigert werden. Denn positive Erfahrungen mit dem Unternehmen führen zu positiven Emotionen und einer positiven Motivation der Mitarbeiter und damit ebenfalls zu einer Steigerung der Leistungsfähigkeit.

> „Die Zielgruppen der internen Kommunikation sind im ersten Schritt alle Mitarbeiter eines Unternehmens. Ob als Manager oder Mitarbeiter, Ingenieur oder Forscher, am Unternehmenserfolg arbeiten alle. Dazu bedarf es neben profundem Wissen und Informationen auch der Leidenschaft und Motivation, um wettbewerbsdifferenzierende Vorteile erwirtschaften zu können. Mit einem breit angelegten Medienmix, zielgruppenadäquaten Informationsangeboten und hochwertig aufbereiteten Themen kann die interne Kommunikation ihren Beitrag dazu leisten, Mitarbeiter nicht nur zu informieren, sondern auch zu begeistern und zu motivieren" (Ziesche, in Schelenz 2007, S.238).

Auch bei der internen Kommunikation kommt den Führungskräften wieder eine wichtige Bedeutung zu. Damit die interne Kommunikation reibungslos ablaufen kann, müssen Führungskräfte eine kommunikative Rolle einnehmen, das heißt, dass sie die Mitarbeiter informieren und Gespräche mit und zwischen ihnen initiieren. „Neben der Steuerung von Prozessen und Abläufen müssen Führungskräfte auch Ziele und Maßnahmen kommunizieren, die von den Mitarbeitern verstanden, umgesetzt und im besten Falle auch positiv unterstützt werden. (…) Führungskräfte müssen in die Lage versetzt werden, zu erklären, Richtungen aufzuzeigen und Fragen der Mitarbeiter zu beantworten" (ebd., S.239). Hierfür müssen die Führungskräfte zunächst selbst umfassend informiert werden und außerdem über ausreichend soziale Kompetenz verfügen, um ihre Kommunikationsaufgabe auch zielgruppenadäquat (d.h. passend für ihre Mitarbeiter) ausführen zu können. Zu den Hauptaufgaben der Führungskräfte im Rahmen der internen Kommunikation zählen folgende fünf Punkte (vgl. ebd., S.239f.): Erstens müssen Informationen gezielt von den Vorgesetzten weitergegeben werden. Zweitens sollen Strategien, Hintergründe und Zusammenhänge verständlich gemacht werden. Drittens sollte die Führungskraft eine Vorbildfunktion ausüben. Viertens sollte die Führungskraft eben nicht nur informieren, sondern idealerweise auch kommunizieren, was auch bedeutet, dass Fragen aufgenommen und Antworten gesucht werden. Mit diesem Punkt wird vor allem der gemeinsamen Erkenntnissuche, wie wir sie von der Organisationspädagogik kennen, Rechnung getragen; besonders wenn Mitarbeiter und Führungskräfte gemeinsam überlegen und sich im Diskurs austauschen, wie sie einen Auftrag angehen oder ein Problem lösen könnten. Fünftens schließlich muss die Führungskraft als Informationsschnittstelle in zwei Richtungen fungieren, nämlich nicht nur top-down sondern auch bottom-up, damit Vorschläge und wichtige Fragen nach oben (in der Unternehmenshierarchie) weitergegeben werden können. Diese bottom-up Kommunikation ist auch ganz im Sinne einer lernförderlichen Unternehmenskultur.

Denn auch der betriebspädagogische Unternehmenskulturansatz geht davon aus, dass „... die lebensweltliche Kultur in Betrieben sich im wesentlichen 'von unten' konstituiert, d.h. 'erzeugt' und 'fortgeschrieben' wird durch das Alltagsgespräch und die alltägliche Kooperation der Mitarbeiter eines Betriebes" (Arnold 1997, S.114). Die interne Kommunikation sorgt damit für eine angenehmere und humanere Unternehmenskultur und ermöglicht Lernprozesse auf allen Hierarchieebenen. Alle Mitarbeiter sind eingehend informiert und verstehen, warum und wofür sie gerade arbeiten. Zudem erfahren sie Motivation und Wertschätzung durch ihre Führungskräfte, die sich auch mit ihren Fragen und Problemen auseinandersetzen und diese gegebenenfalls in die Führungsebene weiterleiten bzw. den Versuch starten gemeinsam eine Lösung zu finden. Wenn die Grundlage geschaffen ist, dass alle Mitarbeiter sich in ihrer Rolle akzeptiert und respektiert fühlen, hat sich auch eine Unternehmenskultur etabliert, welche die Wahrscheinlichkeit erhöht, dass potenzielle neue Mitarbeiter sich gerne dafür entscheiden in diesem Unternehmen zu arbeiten (vgl. Ziesche, in Schelenz 2007, S.240).

Das Beispiel Volkswagen zeigt, wie man die interne Kommunikation vielfältig und durch unterschiedliche Methoden (z.B. einen Medienmix) noch wirkungsvoller gestalten und einsetzen kann. Es bieten sich elektronische Medien wie Business-TV und eigene Internetportale, Printmedien wie eine Mitarbeiterzeitung, Informationsveranstaltungen wie Betriebsversammlungen oder einfach der persönliche Dialog – der noch immer die stärkste Individualisierungsmöglichkeit bietet und damit die größte kommunikative Wirkung erzielt – an (vgl. ebd., S.241-247). Um bei den Mitarbeitern ein noch stärkeres Gefühl der Wertschätzung und der Zugehörigkeit zum Unternehmen zu erzielen, erbringt und kommuniziert Volkswagen auch besondere Leistungen exklusiv für seine Mitarbeiter. „Diese reichen von Gesundheits- und Fitnessangeboten über spezielle Finanzierungsangebote der Volkswagen Bank bis hin zu Fahrzeugbestellungen oder Restverkäufen aus dem Lager" (ebd., S.247). Ebenso stehen spezielle Weiterbildungsangebote eigens für Mitarbeiter auf dem Programm und stoßen bei diesen auf große Resonanz (vgl. ebd., S.247). So zeigt sich, dass auch der Aspekt der Bildung des Individuums (wie im pädagogischen Prinzip der Betriebspädagogik postuliert) vom Unternehmen nicht vernachlässigt wird. Selbstverständlich sollte aber auch die Wirkung der praktizierten internen Kommunikation beobachtet und gemessen werden. Hierbei muss überprüft werden, ob die eingesetzten Methoden und Medien tatsächlich ihr Ziel erreichen und natürlich auch, ob sie den Erwartungen und der Zufriedenheit der Mitarbeiter entsprechen bzw. ihre Erwartungen nachweislich erfüllen und ihre Zufriedenheit steigern, damit eine bestmögliche Identifikation der Mitarbeiter mit dem Unternehmen stattfinden kann. Gegebenenfalls müssen Methoden oder Medienmix geändert und die interne Kommunikation demgemäß stärker zielgerichtet sowie exakter auf die Bedürfnisse der Mitarbeiter zugeschnitten werden (vgl. ebd., S.248 f.). Interne Kommunikation in dieser Form wird heute bereits von vielen Großunternehmen betrieben. Folgendes Zitat belegt noch einmal, wie wichtig sie für Unternehmen und Mitarbeiter ist und lässt hoffen, dass ihre Möglichkeiten in Zukunft von noch weiteren – vor allem auch klein- und mittelständischen – Unternehmen in erfolgreicher Weise genutzt werden:

> „Interne Kommunikation allein kann kein Image eines Unternehmens als guter Arbeitgeber kreieren. Interne Kommunikation allein kann nicht zum differenzierenden Faktor im Wettbewerb um die größten Talente werden. Interne Kommunikation allein reicht nicht aus, um zufriedene, loyale Mitarbeiter zu bekommen. Aber interne Kommunikation kann einen maßgeblichen Beitrag dazu leisten" (ebd., S.249).

4.2.2 Personelle Ressourcen als im Unternehmen eingebundenes und schwer handelbares Gut

Betrachten wir als nächstes den ressourcenorientierten Ansatz. Dieser basiert auf der Hypothese das Unternehmen als „… spezifisches Bündel materieller und immaterieller Ressourcen…" zu verstehen (Holtbrügge 2010, S.29). Eine der wichtigsten immateriellen Ressourcen für das Unternehmen sind dabei die personellen Ressourcen, sprich die Mitarbeiter.

> „Sie besitzen einerseits ein vielfältiges, aufgabenübergreifendes Einsatzspektrum (geringe *task specifity*) und sind aufgrund ihrer sozialen Einbettung (*social embeddedness*) andererseits anderen Unternehmungen über den Markt nur schwer zugänglich (hohe *firmspecificity*). Sie stellen deshalb eine tief in der Unternehmung verwurzelte *intangible Ressource (intangible asset)* dar, die häufig nur durch diese effizient verwertet werden kann und durch andere Unternehmungen nicht oder nur unter großen Wertverlusten beschaffbar und vermarktbar ist" (ebd., S.30).

Hinter diesem technokratisch anmutenden Verständnis, die Mitarbeiter als Ressourcen des Unternehmens zu sehen, verbergen sich zwei wichtige Erkenntnisse des modernen Personalmanagements. Zum einen wird deutlich dass personelle Ressourcen schwer handelbar sind und dadurch gut qualifizierte Mitarbeiter und wichtige Potenzialträger für das Unternehmen (High Potentials) zu einer knappen Ressource werden, deren mangelnde Verfügbarkeit immer mehr ein Problem darstellt, weshalb Unternehmen ihre Bemühungen auch immer stärker auf die Gewinnung von High Potentials ausrichten müssen (siehe Kapitel 4.3). Zum anderen offenbart sich wie die Mitarbeiter fest in ihrem Unternehmen eingebunden und somit ebenfalls fest in dessen Unternehmens- bzw. Organisationskultur eingebettet sind. Wie bei der Unternehmenskultur bereits angesprochen, können ein Betriebswechsel und der damit verbundene Übergang eines Mitarbeiters in eine andere Unternehmenskultur durchaus problematisch sein. Der Mitarbeiter wird gewissermaßen aus dem ihm vertrauten Kontext gerissen und muss sich erst die neuen betriebsspezifischen Besonderheiten wie Kooperationsformen, Führungsstile oder zulässige Werte und Orientierungen (vgl. Arnold 1997, S.116 f.) aneignen. Gelingt jenes nicht komplikationslos, so sind oftmals starke Defizite in der Arbeits- und Leistungsfähigkeit des Mitarbeiters die Folge und Arbeitsmoral sowie Motivation nehmen ab. Sehr anschaulich lassen sich die geringe Handelbarkeit personeller Ressourcen und die Probleme der Enkulturation am Beispiel des Transfers von Fußballspielern aufzeigen (vgl. Holtbrügge 2010, S.31): Fußballspieler können ihren Verein zwar wechseln, jedoch gibt es keine Garantie dafür, dass sie in einem neuen Verein genauso erfolgreich sind wie in ihrem bisherigen altvertrauten Umfeld. Auch die zum Teil erheblichen Leistungsschwankungen einiger Spieler zwischen Vereins- und Nationalmannschaft machen den Einfluss des sozialen Kontextes und der jeweils vorherrschenden Kultur deutlich. So ist beispielsweise Lukas Podolski in der deutschen Nationalmannschaft meist weitaus erfolgreicher als in seinem Verein. Der Fußballstar Lionel Messi hingegen spielt in seinem Verein, dem FC Barcelona, eine wichtige Rolle im taktischen System und trifft in nahezu jedem Spiel das Tor, während er in der argentinischen Nationalmannschaft bei der Qualifikation zur Weltmeisterschaft 2010 seine individuellen Stärken kaum zur Geltung bringen konnte und nur etwa alle 4,5 Spiele ein Tor erzielte.

Zwar sind Fußballvereine keine typischen Wirtschaftsunternehmen, doch das Prinzip, welches hier verdeutlicht werden soll, ist dasselbe. Alle Unternehmen und Organisationen besitzen ihre eigene Kultur, die den erfolgreichen Wechsel personeller Ressourcen erschweren kann. Doch nicht nur beim Wechsel zwischen verschiedenen Unternehmen kann es zu Schwierigkeiten kommen. Auch bei grundlegenden Positions- und Tätigkeitswechseln innerhalb des gleichen Unternehmens können sich Probleme für Betrieb und Mitarbeiter ergeben. Dieser Sachverhalt lässt sich am folgenden Beispiel veranschaulichen (vgl. Kirbach/Wottawa 2004, S.85): In einem mittelständischen Unternehmen schied eine langjährige Sekretärin aus, die dort bereits seit der Unternehmensgründung beschäftigt war und wurde durch eine 24-jährige Nachfolgerin ersetzt, die im selben Betrieb bereits ihre Berufsausbildung absolviert hatte. Daraufhin gab es erst zunehmende Beschwerden der Außendienstmannschaft und letztlich brach die Organisation der Kundenbetreuung zusammen. Schließlich wurde durch einen externen Berater festgestellt, dass die faktische Führung des Außendienstes zu den wesentlichen Aufgaben der Vorgängerin zählte. Seit der Gründung des Unternehmens hatte sich diese Situation so ergeben, ist aber Niemandem explizit bewusst geworden und wurde deshalb bei der Nachfolge der Sekretärin auch nicht bedacht. Die junge Nachfolgerin hatte nun trotz guter Voraussetzungen für eine normale Sekretärinnen-Tätigkeit keine Chance, diese Aufgabe in gleicher Weise wie die ehemalige Sekretärin zu erfüllen.

Dieses Beispiel zeigt ganz eindeutig das Vorhandensein einer latenten Organisationskultur. Viele Aufgaben von Mitarbeitern und Strukturen im Unternehmen werden täglich als selbstverständlich vorausgesetzt, ohne dass sie den Beteiligten oder Verantwortlichen überhaupt bewusst werden. Ganz im Sinne des Organisationslernens ist es deshalb notwendig, die bestehende Kultur und die vorhandenen Strukturen zu begreifen und zu identifizieren, um diese anpassen, weiterentwickeln und möglichen Krisen vorbeugen zu können. In unserem Beispiel hat so das Unternehmen als Organisation gelernt, welchen Aufgabenbereich die Sekretärin konkret wahrnimmt und kann nun die Stelle besser mit einer geeigneteren Nachfolgerin besetzen und die junge Sekretärin in einem ihr vertrauten Kontext mit normalen Sekretärinnen-Aufgaben einsetzen. Am effektivsten wäre es, wenn die bestehende Unternehmens- und Organisationskultur nicht erst bei auftretenden Problemen von einem externen Berater identifiziert würde, sondern sich das Personalmanagement des Unternehmens selbst darum bemüht diese zu erkennen. Denn so ist es möglich, neue Mitarbeiter am schnellsten und besten einzuarbeiten und ihnen daneben die betriebsspezifischen Besonderheiten zu vermitteln sowie bestehendes Personal bei Positions- und Tätigkeitswechseln adäquat auf den neuen Tätigkeitsbereich hin zu entwickeln. Vor allem bei Führungskräften sollte versucht werden, sie selbst zu entwickeln und nicht von anderen Unternehmen abzuwerben (vgl. Holtbrügge 2010, S.30), da sie besonders stark in ihr jeweiliges Unternehmen eingebunden und dadurch sehr schwer zwischen verschiedenen Betrieben mit unterschiedlichen Kulturen handelbar sind, ohne dass es zu dysfunktionalen Auswirkungen ihrer Tätigkeit kommt. Insgesamt lässt sich konstatieren, dass Dank des ressourcenorientierten Ansatzes im modernen Personalmanagement also auch das Bewusstsein für die bestehende Unternehmens- und Organisationskultur sowie deren Einfluss auf vorhandene Strukturen und die Aktivitäten und Verhaltensweisen der Mitarbeiter geschärft wird.

4.2.3 Integrierter Personalmanagement-Ansatz

Bereits in Kapitel 2.1 haben wir uns mit dem Spannungsverhältnis zwischen Pädagogik und Ökonomie auseinandergesetzt. Dabei haben wir herausgefunden, dass beide Disziplinen längst nicht mehr unvereinbar sind, sondern sich in Form der pädagogischen (Mit-)Gestaltung des Betriebes (siehe Kapitel 2.2) sinnvoll ergänzen und somit eine Bereicherung für den Betrieb darstellen können. Der integrierte Personalmanagement-Ansatz versucht dies in ähnlicher Weise. In ihm werden alle anderen Personalmanagementansätze – die stärker mitarbeiterorientierten und die stärker am ökonomischen Nutzen des Unternehmens orientierten – in *einem* Ansatz integriert und zusammengefasst. Es wird eine möglichst umfassende Sichtweise des Personalmanagements angestrebt, indem alle Akteure (Mitarbeiter und Führungskräfte sowie beider kollektive Vertretungen), interne und externe Bedingungen und die Instrumente des Personalmanagements (Personaleinsatz, Personalentlohnung, Personalführung etc.) berücksichtigt werden (vgl. Holtbrügge 2010, S.35 f.). Das Ziel des integrierten Personalmanagement-Ansatzes ist es eine möglichst hohe *Effizienz* des Personalmanagements zu erreichen.

> „Die **Effizienz** des Personalmanagement gibt die Auswirkungen der eingesetzten personalpolitischen Instrumente vor dem Hintergrund der jeweiligen externen und internen Bedingungen wieder. Bei der Effizienzmessung im Rahmen des Personalcontrolling kann entsprechend der beiden wichtigsten Gruppen personalpolitischer Akteure in eine unternehmensbezogene und eine mitarbeiterbezogene Effizienz unterschieden werden. Im Sinne der Steuerungsfunktion des Personalcontrolling wirkt die Effizienz wiederum auf die Akteure, Bedingungen und Instrumente des Personalmanagement zurück. Der integrierte Personalmanagement-Ansatz beinhaltet somit einen geschlossenen Regelkreis, bei dem alle Systemelemente zueinander in Beziehung stehen" (ebd., S.37).

Dieser Regelkreis des integrierten Personalmanagement-Ansatzes lässt sich anhand folgender Grafik überschaubar demonstrieren:

Abbildung 8: Integrierter Personalmanagement-Ansatz (Holtbrügge 2010, S.36)

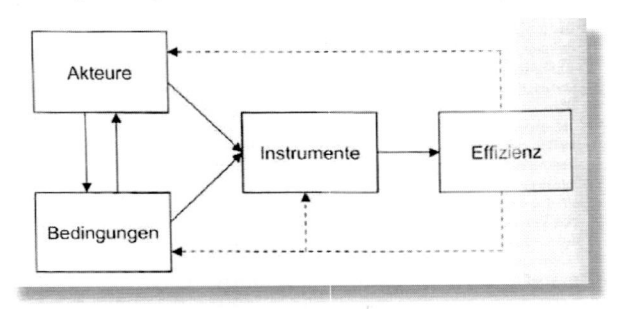

Noch einmal kurz zusammengefasst stellt der integrierte Personalmanagement-Ansatz demnach heraus, dass die drei Faktoren Akteure, Bedingungen und Instrumente des Personalmanagements sich auf dessen Effizienz auswirken, diese Effizienz jedoch ihrerseits wiederum Rückwirkungen auf die drei Faktoren hat. Das Hauptanliegen eines jeden modernen Personalmanagements sollte es deshalb sein, möglichst effizient zu arbeiten. Das bedeutet auf unternehmensbezogener Seite, alle ökonomischen Faktoren zu berücksichtigen. Die Kosten, Wirtschaftlichkeit, Rentabilität und Wettbewerbsfähigkeit des Personalmanagements stehen hier klar im Mittelpunkt. Auf mitarbeiterbezogener Seite kann man auf alle bereits erörterten Punkte zurückgreifen, um ein – nach betriebs- und organisationspädagogischen Aspekten – erfolgreiches und effizientes Personalmanagement zu praktizieren. Hier finden sich die individuenzentrierte Förderung der Mitarbeiter, die gemeinsame Erkenntnissuche und das Organisationslernen, eine kulturbewusste Unternehmensführung, die interne Kommunikation oder die Humanisierung der Arbeit um nur einige nochmals zu nennen. Hauptsächlich geht es auf der mitarbeiterbezogenen Seite darum, die Zufriedenheit und Motivation und dadurch die Produktivität und Effizienz der Mitarbeiter zu steigern. Ob dies nun beispielsweise durch eine höhere Wertschätzung der Mitarbeiter, eine in ihrem Sinne verbesserte Work-Life-Balance oder die Etablierung einer Weiterbildungskultur im Unternehmen am besten funktioniert, muss von Management und Führungskräften in jedem Unternehmen individuell ermittelt werden. Auch hier zeigt sich erneut die wichtige Bedeutung einer guten Führungskräfteentwicklung, die gleichermaßen auf pädagogischen und sozialen Fähigkeiten wie dem Anleiten von Mitarbeitern, der Gestaltung von sozialen Prozessen, Kommunikationsbereitschaft oder situativem Verstehen basiert (vgl. Arnold 1997, S.96). Nur so können gut entwickelte Führungskräfte die schwierige und verantwortungsvolle Aufgabe wahrnehmen, ein sowohl unternehmensbezogenes und ökonomisch effizientes, als auch ein individuenzentriertes, humanes und damit auf mitarbeiterbezogener Seite effizientes Personalmanagement erfolgreich umzusetzen.

Aus den Personalmanagement-Ansätzen lässt sich insgesamt die Schlussfolgerung ziehen: Ein hervorragendes modernes Personalmanagement zeichnet sich dadurch aus, dass es einen effizienten Weg auf dem schmalen Grat zwischen Individuenorientierung und Mitarbeiterzufriedenheit einerseits und ökonomischem sowie unternehmensbezogenem Nutzen anderseits findet und beschreitet.

4.3 Personalmarketing und Recruiting

Neben der Analyse der verschiedenen Personalmanagement-Ansätze ist es aus betriebs- und organisationspädagogischer Sicht ebenfalls sehr interessant, das Personalmarketing und Recruiting moderner Unternehmen anhand einiger Beispiele zu untersuchen. Denn auf diese Weise wird sichtbar, wie Unternehmen mit Bewerbern, potenziellen und neuen Mitarbeitern umgehen und welche Einflüsse aus der Betriebs- und Organisationspädagogik sich in diesem Bereich offenbaren. Zunächst möchte ich auf das Employer Branding und anschließend auf das Talent Relationship Management genauer eingehen. Dies sind zwei moderne Methoden des Personalmarketings, auch Personalwerbung genannt. Personalmarketing „… hat das Ziel, potenzielle Bewerber über die Unternehmung und die zu besetzende Stelle zu informieren (*Informationsfunktion*) und eine ausreichende Zahl von Personen zu einer Bewerbung zu veranlassen (*Aktionsfunktion*), die über die erforderliche Qualifikation und Motivation zur Ausübung der zu besetzenden Stelle verfügen (*Selektionsfunktion*)" (Holtbrügge 2010, S.103). Danach möchte ich das Assessment-Center genauer betrachten, welches eigentlich ein Instrument des Recruiting, das heißt des Personalauswahlprozesses im Unternehmen, ist. Jedoch möchte ich speziell nachweisen, dass das Assessment-Center heutzutage auch andere und durchaus weitreichendere Aufgaben und Verwendungszwecke hat, als lediglich herauszufinden, wer der geeignetste Bewerber für eine bestimmte Stelle ist.

4.3.1 Employer Branding

Greifen wir noch einmal die institutionalistischen Ansätze auf, die wir bei den organisationtheoretischen Ansätzen in Kapitel 3.2 kennengelernt haben. Dort geht es um die gesellschaftliche Legitimation von Organisationen. Erfüllt die Organisation die Vorstellungen, welche die Gesellschaft von ihr hat und ist sie somit gesellschaftlich legitimiert, so ergibt sich ein gutes Image für die Organisation. Hieraus resultieren diverse Vorteile der Organisation unter anderem auf dem Arbeits- und Personalmarkt. Genau an dieser Stelle setzt auch das Employer Branding an. Das Unternehmen als Wirtschaftsorganisation versucht mittels des Employer Branding ein gutes Image als Arbeitgeber aufzubauen und zu erhalten, um so als potenzieller neuer Arbeitgeber besonders attraktiv auf dem Personalmarkt zu wirken und geeignete Bewerber akquirieren zu können. „Es soll ein Employer Brand, d.h. eine Arbeitgeber-Marke, aufgebaut bzw. verstärkt werden, die mit positiven Werten besetzt ist und so die Attraktivität und die Differenzierung des Arbeitgebers auf dem Arbeitsmarkt verbessert" (Knöchel/Wiesler, in Schelenz 2007, S.195). Das Ziel des Employer Branding ist somit eine Art Personalimagewerbung. „… Das Unternehmen profiliert sich quasi als Marke auf dem Arbeitsmarkt, um zum Wunscharbeitgeber, zum Employer of Choice, zu werden" (Bröckermann 2007, S.84). Bevor man allerdings überlegen kann, wie man sich als Unternehmen am besten als positiv konnotierte Arbeitgeber-Marke und als Wunscharbeitgeber auf dem Arbeitsmarkt positioniert, muss man jedoch zuerst wissen, welche Vorstellungen über das Unternehmen bereits bestehen. Wie bei den institutionalistischen Ansätzen der Organisationstheorie sind auch hier die bestehenden Vorstellungen und Ansichten über das Unternehmen entscheidend. Präsentieren sich diese bereits positiv und dem Arbeitgeberimage des Unternehmens zuträglich, so müssen sie durch das Employer Branding gestärkt und verfestigt werden. Sind sie hingegen negativ oder ist noch gar kein klares Image als Arbeitgeber vorhanden, so muss diesen entgegengesteuert oder ein positives Arbeitgeberimage etabliert werden. Zunächst stellt sich dabei die Frage, wer alles Ansichten und Vorstellungen über das Unternehmen als Arbeitgebermarke entwickelt, also wie sich das bestehende Arbeitgeberimage konstituiert? Die nachfolgende Grafik kann dazu eine Übersicht liefern. Sie zeigt, wie die Arbeitgebermarke ein Teil der ganzen Unternehmensmarke (Corporate Brand) ist und welche Gruppen und Akteure mit ihr in Berührung kommen.

**Abbildung 9: Employer Brand ist Teilaspekt des Corporate Brands
(Knöchel/Wiesler, in Schelenz 2007, S.196)**

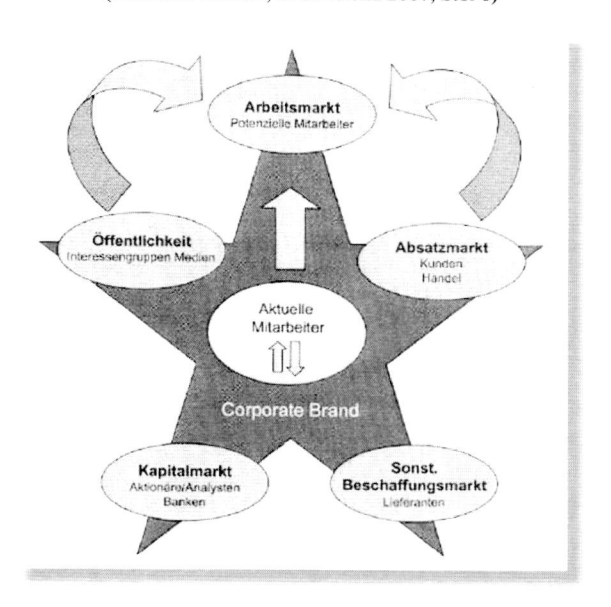

Im Mittelpunkt stehen die Mitarbeiter. Sie sind die wichtigsten Markenbotschafter für das Arbeitgeberimage des Unternehmens (vgl. Knöchel/Wiesler, in Schelenz 2007, S.211). Doch nicht nur die aktuellen Mitarbeiter haben beim Unternehmen als Arbeitgeber Erfahrungen gesammelt und somit eine Vorstellung über es entwickelt bzw. sich eine bestimmte Meinung gebildet, sondern auch alle ehemaligen Mitarbeiter, die jemals im Unternehmen beschäftigt waren. „Dazu kommt, dass Mitarbeiter immer auch 'ehrenamtliche Pressesprecher' in ihrem privaten Umfeld sind, wo sie wesentlich zum Image ihres Unternehmens beitragen können – negativ oder positiv. Im privaten Umfeld werden Empfehlungen für oder auch gegen einen Arbeitgeber ausgesprochen, weil Mitarbeiter aus eigenem Erleben berichten und daher als sehr authentisch gelten" (Ziesche, in Schelenz 2007, S.241).

Der Umgang mit den eigenen Mitarbeitern im Unternehmen wirkt sich demnach stark auf das Arbeitgeberimage des Unternehmens in der Öffentlichkeit aus. Dieses wiederum hat Einfluss auf den Arbeitsmarkt und die Vorstellungen, die sich Bewerber und potenzielle Mitarbeiter vom Unternehmen als Arbeitgeber machen. Darüber hinaus muss das Arbeitgeberimage – also all das, was die Arbeitgebermarke öffentlich verspricht – dann auch vom Unternehmen eingehalten und realisiert werden. Das heißt im Klartext, wenn beispielsweise eine Wertschätzung der Mitarbeiter, humane Arbeitsbedingungen und ein überdurchschnittliches Gehalt öffentlich kommuniziert werden, muss das Unternehmen auch dafür sorgen, dass diese Bedingungen für den Arbeitnehmer tatsächlich zutreffen. Andernfalls würden die Mitarbeiter die versprochenen Bedingungen in der Öffentlichkeit negieren, das Unternehmen würde als unglaubwürdig dastehen und sein Arbeitgeberimage würde sich drastisch verschlechtern. In diesem Punkt findet auch die Unternehmenskultur wieder ihren Einfluss. Denn die bestehende IST-Kultur im Unternehmen muss möglichst weit an die ideale SOLL-Kultur (die Unternehmensphilosophie) angenähert werden, die von den meisten Unternehmen öffentlich propagiert wird. Wie wir wissen, ist die bestehende Kultur im Unternehmen zumeist verborgen und kommt nur latent im Handeln und Verhalten aller Beteiligten zum Ausdruck. Erfolgt die Errichtung einer Arbeitgebermarke aber nun auf einer idealisierten SOLL-Kultur, ohne dass man sich im Unternehmen der bestehenden IST-Kultur bewusst wird und ist infolgedessen die Differenz zwischen IST- und SOLL-Kultur zu groß, so kann dies gravierend negative Auswirkungen auf das Image der Arbeitgebermarke haben, wenn die bestehende Unternehmenskultur von neuen Mitarbeitern, eben als nicht so ideal wie beworben, empfunden bzw. erlebt wird.

Widmen wir uns nun dem Vorgehen und den Maßnahmen des Employer Branding anhand des Beispiels von Merck, dem ältesten pharmazeutisch-chemischen Unternehmen der Welt. Wie bereits angesprochen ist es das Ziel des Employer Branding, das Unternehmen zum Employer of Choice werden zu lassen, um dadurch die geeignetsten Bewerber für sich zu gewinnen. Jedoch muss man sich zuerst darüber im Klaren sein, welche Bewerber oder gleichsam welche Talente man für das Unternehmen anwerben möchte. Hierzu sollte man wie ein Angler vorgehen und herausfinden, was die Talente am liebsten fressen und wie sie sich am besten ködern lassen (vgl. Knöchel/Wiesler, in Schelenz 2007, S.197). „Unterscheiden sich die Zielgruppen … in ihren Ansprüchen und Vorlieben? Wenn ja, bedeutet dies, dass ein differenziertes Leistungsangebot oder eine differenzierte Kommunikation [z.B.] nach Studiengängen notwendig ist" (ebd., S.197), um die richtigen Bewerber zu erreichen. Essentiell beim Employer Branding ist es, sich die Frage zu stellen, was Bewerber von ihrem Wunscharbeitgeber erwarten und sich wünschen würden. Die am häufigsten gewünschten Kriterien bei einem Arbeitgeber wurden in mehreren Studien empirisch ermittelt und sind (ebd., S.198):

1. „Gutes Arbeitsklima
2. (Internationale) Aufstiegs- und Entwicklungsmöglichkeiten
3. Interessante Aufgaben
4. Weiterbildungsmöglichkeiten
5. Leistungsorientierte Vergütung"

Daraus wird ersichtlich, dass sich die meisten dieser Bewerberwünsche durch ein Personalmanagement, das sich auch an betriebs- und organisationspädagogischen Werten orientiert, verwirklichen lassen und sich durch letzteres dem Unternehmen deshalb auch Vorteile auf dem Arbeits- und Personalmarkt bieten. Dementsprechend kann beispielsweise durch eine Humanisierung der Arbeit, eine gute interne Kommunikation und eine kulturbewusste Führung ein gutes Arbeitsklima erreicht und interessante Aufgaben für die Mitarbeiter geschaffen oder es können durch die Etablierung einer Lern- und Weiterbildungskultur im Unternehmen spezielle Weiterbildungs- und Entwicklungsmöglichkeiten für die Mitarbeiter erfolgreich realisiert werden. Außerdem zeigt Merck, dass sich auch Familienfreundlichkeit für ein positives Arbeitgeberimage auszahlt. So betreibt Merck beispielsweise eine eigene betriebsnahe Kindertagesstätte und eine kostenlose Tageselternvermittlung „… aus der Überzeugung, dass ein Mitarbeiter sich dem Unternehmen verbunden fühlt, d.h. leistungsbereiter und motivierter ist, wenn es ihm und seiner Familie gut geht" (ebd., S.208). Dieses Vorgehen ist dabei ganz im Sinne der pädagogischen (Mit-)Gestaltung des Betriebes. Die vorhandenen Gestaltungsspielräume werden hier optimal genutzt und das Unternehmen wird zum Vorteil aller pädagogisch mitgestaltet. Besonders deutlich zeigt sich diese Art der Mitgestaltung auch darin, dass Merck versucht, das Potenzial und die Kompetenzen von Müttern und Vätern im Unternehmen auszuschöpfen. „Dabei stehen nicht nur das in einer Ausbildung wie einem Studium erlangte Wissen oder die Berufserfahrung im Fokus des Interesses, sondern auch die als Eltern erlangten weiteren Qualifikationen, wie beispielsweise Organisationsmanagement, Zeitmanagement, Umgang mit Konfliktsituationen, Wissensvermittlung und Führungsverantwortung" (ebd., S.208). Daher ist es nur wünschenswert, dass noch viele weitere Unternehmen bestrebt sind, das Image ihrer Arbeitgebermarke in diesem Sinne auch pädagogisch aufzuwerten.

4.3.2 Talent Relationship Management – Die Beziehung auf Augenhöhe

Ein sehr modernes und noch junges Personalmarketinginstrument ist das *Talent Relationship Management*, kurz TRM. Es wird mit dem Ziel eingesetzt, für das Unternehmen interessante Talente aus Engpasszielgruppen – also Arbeitskräfte, die nur selten am Arbeitsmarkt vorhanden, aber stark nachgefragt sind – zu identifizieren und wie der Name schon sagt, eine Beziehung zu ihnen aufzubauen, um sie so an das Unternehmen zu binden. „Dabei beschreibt TRM den Aufbau und das aktive Management von Beziehungen zu potenziellen Kandidaten und Mitarbeitern aus Engpasszielgruppen mit dem Ziel, über den Aufbau von Pools eine höhere Qualität der Besetzungen in kürzerer Zeit zu erreichen" (Fischer, in Ritz/Thom 2011, S.84).

Die Person, welche das TRM betreibt, ist der sogenannte Talent Relationship Manager. Seine Aufgabe ist nicht zu verwechseln mit der eines Headhunters, der nur kurzfristig engagiert wird, um einen geeigneten Kandidaten für die schnelle Besetzung einer vakanten Stelle zu finden, sondern sie basiert hauptsächlich auf den folgenden drei Grundprinzipien (Quenzler, in Bernauer/Hesse/Laick/Schmitz 2011, S.42):

1. „Die aktive, gezielte Identifikation von Talenten in Engpasszielgruppen.
2. Die individuelle, nachhaltige Kontaktpflege zu identifizierten Talenten mit dem Ziel, sie mittel- bis langfristig für den Arbeitgeber zu gewinnen.
3. Wertschätzung, Respekt und Authentizität als Erfolgsfaktor in der Kommunikation."

Es ist genau wie Fischer sagt: „Die Beziehung macht den Unterschied" (ebd., in Ritz/Thom 2011, S.82). Die Beziehung, welche zu den Talenten aufgebaut und über lange Zeit hinweg gehalten wird, beruht auch auf pädagogischen Werten. Ganz im Sinne des Paradigmenwechsels von der technokratischen Personalverwaltung hin zum humanen und individuenzentrierteren Personalmanagement, wie es in Kapitel 4.1 behandelt wurde, trägt das TRM der Erkenntnis Rechnung, „… daß die Menschen im Unternehmen nicht nur Kostenfaktoren, sondern Träger jener Potentiale sind, die die Zukunftschancen des Unternehmens ausmachen …" (Mann 1988, S.14). Daher ist es wichtig, dass der Talent Relationship Manager eine wirklich intensiv wertschätzende, quasi freundschaftliche Beziehung zum Talent aufbaut, die auf gegenseitigem Respekt basiert, damit die richtigen Talente gewonnen und die Zukunft des Unternehmens gesichert werden kann.

Mit beachtlichem Erfolg wird das Talent Relationship Management beispielsweise beim deutschen Premium-Automobilhersteller Audi eingesetzt. Hier ist der Talent Relationship Manager jemand, der die Interessen seiner Zielgruppen kennt und teilt, genauso wie den Beruf seiner Ingenieurs-Talente. Selbst ein Ingenieur kann er ihnen deswegen auch von Berufswegen auf Augenhöhe begegnen (vgl. Quenzler, in Bernauer/Hesse/Laick/Schmitz 2011, S.43). Damit diese intensive und persönliche Beziehung auf Augenhöhe optimal gestaltet werden kann, ist es wichtig, dass die Anzahl der Talente, zu denen eine Beziehung gepflegt wird, nicht zu groß wird und dadurch der Überblick verloren oder die Beziehungspflege zu manchen Talenten vernachlässigt wird. „Die Zahl der Talente in einer Zielgruppe ist bewusst auf den zweistelligen Bereich beschränkt um eine intensive Beschäftigung mit den Talenten zu ermöglichen. (…) Die geringe Anzahl der Talente, die in den Genuss einer intensiven Betreuung kommt, wird durch den Anspruch bedingt, diese Talente sehr gut kennenzulernen" (Fischer, in Ritz/Thom 2011, S.84). Bei Audi geschieht dies, indem der Talent Relationship Manager sich regelmäßig mit seinen Talenten trifft, telefoniert und online mit ihnen in Kontakt steht. Dabei tauschen sie auf ganz ungezwungene Weise Interessen und Informationen aus. Grundlegend ist, dass nicht nur der Talent Relationship Manager etwas über das Talent erfährt und dieses näher kennenlernt, sondern das Talent sich ebenso mit dem Unternehmen bekannt macht und letzteres auch als potenzieller neuer Arbeitgeber interessant wird. Somit findet hier schon eine Art vorzeitige Enkulturation statt. Über den Informationsaustausch und die enge Kontaktpflege kann sich das Talent schon frühzeitig an die Unternehmens- und Organisationskultur gewöhnen, bevor es entscheidet, ob das Unternehmen als künftiger Arbeitgeber in Frage kommt oder nicht. Falls ja, fällt es dem Talent bei Arbeitsantritt dann um ein Vielfaches leichter, sich in das Unternehmen zu integrieren, da es mit dessen Kultur bereits vertraut ist.

Doch nicht nur neue Kandidaten auf dem Arbeitsmarkt, die noch nie für das Unternehmen tätig waren, sind als Zielgruppen für das TRM interessant und werden in den Talentpool aufgenommen. „Talente können dabei Praktikanten, Absolventen, Doktoranden, Professionals sowie auch ehemalige Mitarbeiter des Unternehmens sein. (…) So wird z.B. über den Aufbau eines Alumni-Netzwerkes die Beziehung zu interessanten Ex-Mitarbeitern gepflegt" (Quenzler, in Bernauer/Hesse/Laick/Schmitz 2011, S.42). Hier wird deutlich, dass sich das TRM auch des ganzheitlichen Verstehens und Erfassens von Abläufen und Prozessen bedient, wie es in der Betriebs- und Organisationspädagogik gebräuchlich ist. Denn alle Arbeitskräfte, ob sie bereits im Unternehmen beschäftigt waren oder nicht, ob noch jung oder bereits langzeitig berufserfahren, könnten einmal genau DAS Talent in einer Engpasszielgruppe sein, welches das Unternehmen für die Besetzung einer wichtigen vakanten Stelle dringend benötigt. Dann ist es von großem Vorteil, wenn zu diesem Talent bereits Kontakt besteht und es durch eine enge Beziehung auf Augenhöhe mit dem Talent Relationship Manager bereits über das Unternehmen informiert ist, und ihm dieses als schon vertraute Einrichtung begegnet.

4.3.3 Das Assessment-Center – mehr als ein bloßes Recruitinginstrument

Das Assessment-Center (AC) ist ein Verfahren, welches lange Zeit hauptsächlich zu Zwecken des Recruiting und der Personalauswahl eingesetzt wurde. In modernen Unternehmen hat sich der Einsatzbereich des AC jedoch erweitert und es spielt auch eine wichtige Rolle beim Organisationslernen und in der Organisationsentwicklung.

> „Assessment Center ist der Name einer multiplen Verfahrenstechnik, zu der mehrere eignungsdiagnostische Instrumente oder leistungsrelevante Aufgaben zusammengestellt werden. Ihr Einsatzbereich ist die Einschätzung aktueller Kompetenzen oder Prognose künftiger beruflicher Entwicklung und Bewährung, sie wird deshalb sowohl zur Auswahl künftiger Mitarbeiter wie auch als organisatorisches Beurteilungs- und Förderungsinstrument eingesetzt. Charakteristisch für Assessment Center ist, daß mehrere Personen (etwa 6-12) gleichzeitig als Beurteilte daran teilnehmen und daß auch die Einschätzungen von mehreren unabhängigen Beurteilern (im Verhältnis etwa 1:2 zur Zahl der Beurteilten) vorgenommen werden ..." (Schuler 1987, S.2).

Bevor wir uns den Einsatz des AC und dessen Ziele hinsichtlich Organisationslernen und Organisationsentwicklung genauer ansehen, widmen wir uns zunächst dem Aufbau und den Prinzipien eines AC. Der Aufbau eines AC besteht aus mehreren verschiedenen Einzelverfahren. Zumeist beinhaltet es ein klassisches Vorstellungsgespräch, das als Einzel- oder Gruppeninterview durchgeführt werden kann. Hinzu kommen Fragebögen und verschiedene Tests sowie Übungen, die alle beliebig im Rahmen eines AC kombiniert werden können. Folgende Grafik stellt das AC als Bestandteil des Personalauswahlprozesses dar und verdeutlicht, welche Einzelverfahren es umfassen kann:

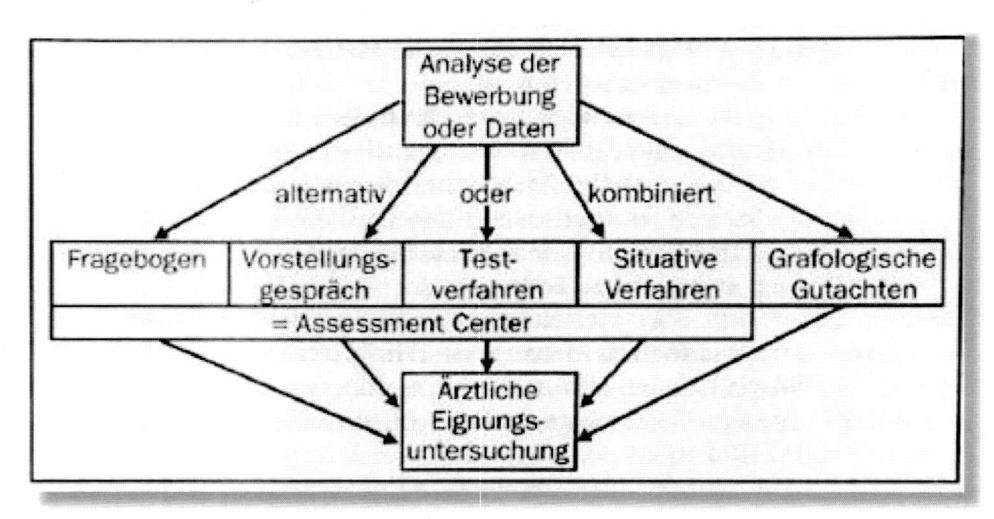

Abbildung 10: Verfahren zur Personalauswahl (Bröckermann 2007, S.93)

Zu den Testverfahren eines AC können Gruppendiskussionen, Unternehmungsplanspiele, Präsentationen, Rollenspiele oder analytisch-konzeptionelle Übungen zählen, wie beispielsweise die *Postkorb-Übung*, bei welcher der Teilnehmer zahlreiche Dokumente nach ihrer Dringlichkeit ordnen soll, während er zusätzlich mit Telefonaten und Gesprächen abgelenkt wird, wodurch seine Konzentration erschwert und der Zeitdruck erhöht werden kann (vgl. Holtbrügge 2010, S.119 f.). Bezüglich des Vorstellungsgespräches kann man festhalten, dass auf sogenannte *Belastungs- und Stressgespräche*, welche die Belastungsgrenze des Bewerbers testen sollen, verzichtet werden sollte, da sich Situation und Belastung im Vorstellungsgespräch sehr stark vom beruflichen Alltag unterscheiden und sich die Bewerber ihren Gesprächspartnern unter Stress verschließen (vgl. Bröckermann 2007, S.120). „Zudem gewinnen sie einen schlechten Eindruck vom Unternehmen und werden dies publik machen" (ebd., S.120), was sich äußerst negativ auf das Image und die Arbeitgebermarke des Unternehmens auswirken kann. Vielmehr sollte das Vorstellungsgespräch dazu dienen, den Bewerber über das Unternehmen und die angestrebte Tätigkeit zu informieren sowie ihn persönlich kennenzulernen. Dabei sollte seitens der Interviewführer konzentriert, aktiv, offen und verantwortlich kommuniziert, der Wille zum Zuhören gezeigt, Geduld aufgebracht und der Bewerber beruhigt und inspiriert werden (vgl. ebd., S.119). Insgesamt sollte das Vorstellungsgespräch also in einer kommunikativen Weise gestaltet werden, wie sie vor allem in der *pädagogischen Gesprächsführung* vorbildlich angewendet wird.

Die Prinzipien des Assessment-Centers fasst Bröckermann (2007) wie folgt zusammen (vgl. ebd., S.143 f.): Zunächst braucht es das Prinzip der *Anforderungsanalyse*, in welcher das Anforderungsprofil für die Zielposition bestimmt und somit Verhaltensweisen abgeleitet werden, die mehr oder weniger Erfolg versprechend sind, wenn sie bei einem Teilnehmer diagnostiziert werden. Das Prinzip der *Simulation* äußert sich dadurch, dass im AC verschiedene Situationen des zukünftigen Arbeitsplatzes simuliert und getestet werden. Das Prinzip der *Methodenvielfalt* beinhaltet den flexiblen Einsatz möglichst vieler verschiedener Tests und Einzelverfahren im AC, um das Kompetenzprofil der Teilnehmer mehrfach und in möglichst unabhängigen Verfahren mit dem Anforderungsprofil der künftigen Position zu vergleichen. Das Prinzip der *Transparenz* besteht darin, die Teilnehmer so umfassend wie möglich über Ablauf und Inhalte des AC zu informieren und ihnen durch die Assessoren am Ende des AC eine Rückmeldung über ihre Stärken und Schwächen zu geben. Das letzte Prinzip ist das der *Beobachtung durch Führungskräfte*, welches darauf beruht, dass vornehmlich Führungskräfte als Assessoren im AC eingesetzt werden, da diese bereits stark mit der Kultur des Unternehmens vertraut und in diese eingebunden sind und somit am besten einschätzen können, welche Teilnehmer sich für das Unternehmen eignen und welche nicht. Zudem werden die Führungskräfte in einer Assessorenschulung speziell auf ihre Rolle im AC vorbereitet, doch weitere Ausführungen dazu noch später.

Die wichtigste Regel beim AC besagt, den Teilnehmern mit Wertschätzung und Fairness zu begegnen. Die Rückmeldung über Stärken und Schwächen sollte immer in Form eines pädagogisch korrekten Feedbacks geschehen, wodurch jenes dazu beiträgt, dass sich auch ein Lerneffekt beim Teilnehmer einstellt. Falls das AC zur Rekrutierung neuer Mitarbeiter genutzt wird und sich somit unternehmensexterne Bewerber unter den Teilnehmern befinden, sollte besonders darauf geachtet werden, diese nicht zu verärgern. Denn auch Bewerber sind wichtige Markenbotschafter des Unternehmens als Arbeitgeber und können mit schlechten Erfahrungen bezüglich des Unternehmens, dessen Image nicht unbeträchtlich schaden. „Unabhängig von allen 'humanistischen' Überlegungen ist der faire Umgang mit Bewerbern auch im wohlverstandenen Interesse des Unternehmens" (Kirbach/Wottawa 2004, S.67). Insofern bietet ein AC bereits an dieser Stelle dem Unternehmen eine erste Möglichkeit für Organisationslernen und Organisationsentwicklung, indem versucht wird den Umgang mit den Teilnehmern in einem AC kontinuierlich zu optimieren, aus Fehlern zu lernen und kommende AC weiterzuentwickeln.

Betrachten wir nun inwiefern das AC über seine Rolle als Rekrutierungsinstrument hinaus, eine noch weitreichendere Bedeutung für modernes Organisationslernen und eine zukunftsfähige Organisationsentwicklung hat. Zunächst ist nachweisbar, dass AC in der Gegenwart nur noch relativ selten zur Personalrekrutierung eingesetzt werden, sondern hauptsächlich zu Zwecken der Personalentwicklung und zur Ermittlung des Führungsnachwuchses (vgl. Struck 1998, S.258). Ein AC dient heute in modernen Unternehmen also vorwiegend der Auswahl und der Entwicklung von bereits bestehendem Personal für höherwertige Positionen. „Bei allen Einsatzgebieten des Assessment-Centers steht die Einschätzung individueller Eigenschaften und Fähigkeiten, also die Mobilisierungsmöglichkeiten von Handlungskompetenz im Vordergrund" (ebd., S.259). Die Bewertungsdimensionen und Kriterien von Assessment-Centern haben sich aber im Zuge des Wandels, weg von der reinen Rekrutierungsstrategie, auch weg von tätigkeitsspezifischen Anforderungsprofilen, hin zu allgemeinen Verhaltens- und Persönlichkeitsmerkmalen, die für das jeweilige Berufsfeld von Bedeutung sind, verändert. Zudem gibt es einen hohen Anteil an bereichs- und hierarchieunabhängigen Bewertungsdimensionen, da in allen Leitungs- und Vorgesetztenfunktionen inzwischen soziale Kompetenzen, reflexives Denken und Handeln, Selbstständigkeit, Verantwortung, selbstorganisierte Qualifizierung und Persönlichkeitsentwicklung unerlässlich sind (vgl. ebd., S.260). Die Bewertungskriterien beim AC gehen also einher mit der Organisationsentwicklung, weg von der Berufs-, Bereichs- und Hierarchieabhängigkeit, in welcher die Organisation wie eine Pyramide gegliedert ist, hin zu mehr Selbstständigkeit, Selbstorganisation und bereichsübergreifendem Denken, wobei die Organisation die Struktur eines Hauses einnimmt (vgl. Kapitel 3.3.2). Auch die eingesetzten Einzelverfahren im AC, wie Tests und Übungen, verändern sich in diesem Kontext und prüfen dementsprechend zunehmend soziale Kompetenzen sowie Verhalten und persönliche Eigenschaften der Teilnehmer. „Zu beachten ist zudem, daß Übungen sich herumsprechen und immer wieder ersetzt und weiterentwickelt werden" (Struck 1998, S.263). Folglich müssen wiederholt neue Übungen und Tests konzipiert und geeignete Mittel der Teilnehmerbeobachtung und -einschätzung gefunden werden. Die Suche, der Verantwortlichen für die Konzeption und Durchführung eines AC nach neuen Verfahren, gleicht der gemeinsamen Erkenntnissuche des Organisationslernens. Ist diese Suche erfolgreich, so profitiert das ganze Unternehmen als Organisation von einem fortschrittlichen und damit effektiveren AC.

Eine tragende Rolle in jedem AC spielen die Assessoren. Wie bei den Prinzipien des AC bereits erläutert, sind Assessoren Führungskräfte, die das AC durchführen und somit für die Beobachtung und Einschätzung der Teilnehmer zuständig sind. Entscheidend ist, dass die Personalverantwortung bei den Führungskräften liegt und diese deshalb als Assessoren eingesetzt werden, idealerweise wenn sie schon Erfahrung mit Assessment-Centern gesammelt oder diese sogar selbst schon durchlaufen haben und sich mit ihnen auskennen (vgl. ebd., S.269). Desgleichen wurde schon angesprochen, dass die Führungskräfte auch besonders stark in die Unternehmens- und Organisationskultur eingebunden und mit dieser vertraut sind, weshalb sie die Teilnehmer des AC am besten auf ihre Eignung für das Unternehmen beurteilen können. „Diese Gruppe von Beobachtern symbolisiert als Führungspersonen die Unternehmensphilosophie sowie den eigenen Wertehorizont in besonders deutlichem Umfang. Um die Potentiale der Kandidaten in der Begutachtung angemessen berücksichtigt zu wissen und individuelle Wahrnehmungsbeschränkungen zu umgehen, erfolgen Beobachterschulungen und Kontrollen" (ebd., S.269). Diese finden meist in Form von Assessorenschulungen statt. Assessorenschulungen werden vor dem AC als ein mindestens eintägiges Seminar durchgeführt. Zunächst werden die Ziele des anstehenden AC und die Anforderungsprofile festgelegt, danach werden die Assessoren darin geschult, ein möglichst objektives Urteil fällen zu können.

So gehen die Assessoren etwa einen Perspektivenwechsel ein, indem sie bei einem Rollenspiel abwechselnd in die Rolle von Beobachter und Teilnehmer schlüpfen. Ferner wird anhand von Übungen demonstriert, wie wichtig die Trennung von Beobachtung und Beurteilung ist, bzw. dass die Beurteilung immer erst dann erfolgen sollte, wenn die reine, wertungsfreie Verhaltensbeobachtung abgeschlossen ist, um die Objektivität zu steigern (vgl. Bröckermann 2007, S.144 f.). Das Hauptziel der Assessorenschulungen ist es, Wahrnehmungsfehler und Wahrnehmungsverzerrungen in Beobachtung und Beurteilung der Assessoren weitestgehend zu minimieren. Wahrnehmungsfehler und -verzerrungen können dabei ganz unterschiedlicher Natur sein. Häufig kommt es beispielsweise vor, dass Assessoren die Teilnehmer in ihrer Ganzheit beurteilen und nicht nur nach den festgelegten Kriterien des Anforderungsprofils, dass sie durch Routine bzw. Gewohnheit gar nicht mehr strukturiert genug an die Beobachtung und Beurteilung herangehen, dass sie sich im Falle von innerbetrieblichen Entwicklungs-Assessments schon vor dem eigentlichen Beginn des AC bereits ein Urteil von bekannten Personen gebildet haben oder dass sie die Teilnehmer einfach voreilig nach dem ersten Eindruck beurteilen (Primacy-Effekt) (vgl. Struck 1998, S.270 f.).

Eine weitere Gefahr besteht darin, dass die Assessoren als Führungskräfte die Teilnehmer zu sehr in ihrem Gesamtbild nach der Passung in das Unternehmen oder speziell in ihre Abteilung beurteilen und dadurch ihre Beurteilung zu stark einschränken. „Gerade Führungskräfte suchen in ihrer Rolle als Beobachter nach einem Typus, der in das vorhandene Management paßt sowie schnell einzuarbeiten ist und richten ihre Beurteilungen anhand eines solchen Gesamtbildes aus" (ebd., S.272). Auf diese Weise würde jedoch ein lineares Management verfolgt werden, das wenig Veränderungen mit sich bringt und das Lernen sowie die Weiterentwicklung der Organisation erschwert. Wie in Kapitel 3.3.2 aber herausgestellt, bedarf es dagegen in modernen Organisationen eines reflexiven Managements, welches sich durch Offenheit und der Möglichkeit Neues zu lernen sowie neue Denkweisen aufzunehmen auszeichnet, damit sich die Organisation erfolgreich weiterentwickeln kann. Um eingeschränkte Sichtweisen zu erweitern, gibt es deshalb Gesprächsrunden, in welchen die subjektiven Normen und Werte der Beurteilenden reflektiert und ausgetauscht werden (vgl. ebd., S.272 f.). Durch diesen Dialog kann eine Art Intersubjektivität aller Beurteiler geschaffen werden, die es den Assessoren ermöglicht, auch zunächst fremde und neue Sichtweisen zu erkennen und zu verstehen. Somit gelangt auch mehr Offenheit in die Beurteilung eines AC und der Beurteilungsfokus der Assessoren öffnet sich auch für Teilnehmer, die zwar ins Unternehmen bzw. auf die jeweilige Position passen, aber auch neue und sicher bereichernde – vielleicht bisher außer

Acht gelassene – Eigenschaften und Kompetenzen mitbringen. Als Fazit kann man also festhalten, dass sich das AC zusammen mit dem Unternehmen als Organisation stetig weiterentwickelt. Es ist gegenwärtig weitaus mehr als nur ein Rekrutierungsinstrument, denn in der gemeinsamen Erkenntnissuche aller Beteiligten, wie sich ein AC besser gestalten lässt und die Assessoren zu einem offeneren und stärker objektiv geprägten Urteil gelangen können, manifestiert sich auch ein organisationaler Lernprozess, wie er von der Organisationspädagogik beschrieben wird.

5 Schlussbemerkung

Abschließend ist es mein Anliegen, noch einmal die wichtigsten Vorteile und Chancen des modernen Personalmanagements im Spannungsfeld von Betriebs- und Organisationspädagogik herauszustellen und zusammenzufassen sowie dabei auch meine eigene Meinung einfließen zu lassen. Am Anfang steht die Betriebspädagogik, die mit ihrer Individuenzentrierung und der Betonung von Lernen, Bildung, Identitätsentwicklung und Humanität (pädagogisches Prinzip) maßgeblich zur Humanisierung der Arbeit in den Betrieben und zu der Erkenntnis beigetragen hat, dass Lernen und Weiterbildung auch für die Mitarbeiter im Unternehmen von großer Bedeutung sind. Vor allem durch die pädagogische (Mit-)Gestaltung des Betriebes ist es möglich, sowohl die ökonomischen Interessen des Unternehmens als auch die individuellen Interessen der Mitarbeiter – zum Vorteil beider Seiten – zu berücksichtigen. Allerdings kann es sich auch heutzutage oftmals noch sehr schwierig gestalten, Mitarbeiterzufriedenheit, Individuenzentrierung und ökonomischen Nutzen für das Unternehmen in Einklang zu bringen. Hierin besteht jedoch meines Erachtens eine der grundlegendsten und wichtigsten Aufgaben des modernen Personalmanagements. Nur so kann das Spannungsverhältnis zwischen Pädagogik und Ökonomie ein für alle Mal gelöst und überwunden werden.

Die Organisationspädagogik stellt in meinen Augen eine sinnvolle Ergänzung und Erweiterung der Betriebspädagogik dar. Ihr Kerngedanke besteht darin, dass nicht nur das Individuum im Unternehmen lernt, sondern durch die gemeinsame Erkenntnissuche aller Individuen das Unternehmen selbst zur lernenden Organisation wird, die sich weiterentwickeln kann. Durch dieses Organisationslernen bieten sich neue Chancen für die Organisation ihre Ressourcen besser zu nutzen, Krisen vorzubeugen und nach opportunen Gelegenheiten zu suchen (vgl. Arnold 1997, S.183), um somit ihre Wettbewerbsfähigkeit zu sichern und zu erhöhen. Das Organisationslernen schafft daher also auch ökonomische Vorteile für das Unternehmen, solange in diesem ein reflexives Management an der Tagesordnung ist, das es ermöglicht, allen Neuerungen und Veränderungen offen und aufgeschlossen gegenüberzutreten sowie Informationen über flache Hierarchieebenen und miteinander vernetzte Organisationseinheiten hinweg auszutauschen.

Ein modernes Personalmanagement, welches durch betriebs- und organisationspädagogische Einflüsse bereichert ist, wirkt sich folglich sowohl auf die Zufriedenheit und damit gleichermaßen auf die Motivation und die Leistung der Mitarbeiter, als auch auf die Wettbewerbsfähigkeit und den ökonomischen Erfolg des Unternehmens positiv aus. Ebenso hat sich herausgestellt, dass betriebs- und organisationspädagogische Prinzipien und Denkmuster, wie sie z.B. im Employer Branding oder Talent Relationship Management zu finden sind, sich auch vorteilhaft auf das Image des Unternehmens als Arbeitgeber auswirken und dabei helfen können, Bewerber zu akquirieren und neue Mitarbeiter zu gewinnen. Dadurch kann das Unternehmen Wettbewerbsvorteile auf dem Arbeits- und Personalmarkt erzielen und somit auch zukünftig seinen Erfolg durch fähige Mitarbeiter sichern.

Aber auch in Zukunft stellt die Verwirklichung eines modernen und erfolgreichen Personalmanagements eine große Herausforderung dar. Es muss sich durch Mitarbeiterorientierung und die Beachtung der ökonomischen Interessen des Unternehmens auszeichnen, sich um die Etablierung einer Lern- und Weiterbildungskultur bemühen, das Organisationslernen und die Organisationsentwicklung ermöglichen und gleichzeitig den Auftrag erfüllen, die richtigen neuen Mitarbeiter für das Unternehmen anzuwerben, einzustellen und zu fördern. Für diese Aufgaben bedarf es äußerst engagierter und kompetenter Leute. Sie müssen einerseits über wirtschaftswissenschaftliches sowie andererseits auch über pädagogisches Know-How verfügen. Meiner Meinung nach müssen Absolventen aller Fachrichtungen, die eine Arbeit im Personalmanagement eines Unternehmens anstreben, deshalb entsprechend geschult werden. Für Absolventen der Pädagogik und Erziehungswissenschaft sind in diesem Zusammenhang wirtschaftswissenschaftliche Kompetenzen von entscheidender Bedeutung. Sie müssen für eine Beschäftigung im Personalmanagement, neben ihrem pädagogischen Fachwissen, zugleich unternehmerisches Denken lernen und sich wirtschaftliches Wissen, beispielsweise im Bereich von Kostenrechnung und Arbeitsrecht, aneignen. Auf diese Weise können kompetente Pädagogen, dann auch nach den Maßgaben von Betriebs- und Organisationspädagogik versuchen, für alle Mitarbeiter im Unternehmen die bestmöglichsten Bedingungen zu schaffen, sie zu motivieren, ihre Potenziale optimal zu entwickeln und für das Unternehmen einzusetzen.

„Erst Einsatzbereitschaft, schöpferische Fähigkeit und ausgeprägte Zuverlässigkeit – also personale Kompetenzen –, erst Entscheidungsfähigkeit, Mobilität, Initiative und Ergebnisorientierung – als aktivitätsbezogene Kompetenzen –, erst Teamfähigkeit, Kommunikationsfähigkeit und interkulturelle Sensibilität – also sozial-kommunikative Kompetenzen – befähigen Mitarbeiter/-innen und Führungskräfte dazu, exzellente Leistungen zu erbringen und im weltweiten Wettbewerb zu bestehen" (Feninger, in Bahl 2009, S.216 f.).

6 Literaturverzeichnis

Arnold, Rolf (1997): Betriebspädagogik. 2., überabeitete und erweiterte Auflage. Berlin

Arnold, Rolf: Betrieb. In: Lenzen, Dieter (Hg.): Erziehungswissenschaft: Ein Grundkurs. 6. Auflage, 2004. Reinbek bei Hamburg, S.496 – 517

Bröckermann, Reiner (2007): Personalwirtschaft: Lehr- und Übungsbuch für Human Resource Management. 4. Auflage. Stuttgart

Feninger, Gerd: Kompetenzorientierte Qualifizierung und Personalentwicklung für den weltweiten Wettbewerb: Ansätze und Erfahrungen eines globalen Unternehmens. In: Bahl, Anke (Hg.): Kompetenzen für die globale Wirtschaft: Begriffe – Erwartungen – Entwicklungsansätze. 2009. Bonn, S.207 – 217

Fischer, Marcus: Talent-Relationship-Management – die Beziehung macht den Unterschied. In: Ritz, Adrian; Thom, Norbert (Hg.): Talent Management: Talente identifizieren, Kompetenzen entwickeln, Leistungsträger erhalten. 2. Auflage, 2011. Wiesbaden, S.82 – 96

Geißler, Harald (2000): Organisationspädagogik. München

Holtbrügge, Dirk (2010): Personalmanagement. 4. Auflage, 2010. Berlin und Heidelberg

Kieser, Alfred (1995): Organisationstheorien. 2., überarbeitete Auflage, 1995. Stuttgart

Kirbach, Christine; Wottawa, Heinrich (2004): Recruiting und Assessment im Internet: Werkzeuge für eine optimierte Personalauswahl und Potenzialerkennung. Göttingen

Knöchel, Claus-Dieter; Wiesler, Beatrix: Unternehmerischer Erfolg beginnt beim Menschen: Employer Branding bei Merck. In: Schelenz, Bernhard (Hg.): Personalkommunikation: Recruiting!: Mitarbeiterinnen und Mitarbeiter gewinnen und halten. 2007. Erlangen, S.190 – 211

Lüders, Christian: Erziehungswissenschaftliches Studium und pädagogische Berufe. In: Lenzen, Dieter (Hg.): Erziehungswissenschaft: Ein Grundkurs. 6. Auflage, 2004. Reinbek bei Hamburg, S.568 – 591

Mann, Rudolf (1988): Das ganzheitliche Unternehmen: die Umsetzung des neuen Denkens in der Praxis zur Sicherung von Gewinn und Lebensfähigkeit. Bern und München

Quenzler, Alfred: Einblick: Talent Relationship Management (TRM) und Social Media. In: Bernauer, Dominik; Hesse; Laick; Schmitz (Hg.): Social Media im Personalmarketing: Erfolgreich in Netzwerken kommunizieren. 2011. Köln, S.41 – 44

Rostow, Walt Whitman (1916 – 2003). In: ZITATE-ONLINE.DE
Abrufbar unter:
http://www.zitate-online.de/sprueche/politiker/17160/krisen-meistert-man-am-besten-indem-man-ihnen-zuvorkommt.html
(22.02.2013, 21.26 Uhr)

Schein, Edgar (1995): Unternehmenskultur: Ein Handbuch für Führungskräfte. Frankfurt am Main

Schuler, Heinz (1987): Assessment-Center als Methode der Personalentwicklung. Stuttgart

Struck, Olaf (1998): Individuenzentrierte Personalentwicklung: Konzepte und empirische Befunde. Frankfurt am Main

Ziesche, Birgit: Interne Kommunikation als Mehrwert: das Beispiel Volkswagen. In: Schelenz, Bernhard (Hg.): Personalkommunikation: Recruiting!: Mitarbeiterinnen und Mitarbeiter gewinnen und halten. 2007. Erlangen, S.238 – 249

Abbildungsverzeichnis:

Abbildung 1: Assoziierbare semantische Bedeutungshöfe der Begriffsbestandteile "Betrieb" und "Pädagogik" (Arnold 1997, S.25)... 6

Abbildung 2: Triebkräfte des Wandels (Arnold 1997, S.88) 12

Abbildung 3: Individuelles und organisationales Lernen - zwei Seiten eines Prozesses (Arnold 1997, S.184)... 17

Abbildung 4: Organisationskultur zwischen linearem und reflexivem Management (Geißler 2000, S.97) 24

Abbildung 5: Umbau von Wirtschaftsorganisationen (Warnecke 1993, S.190, in Geißler 2000, S.80) 24

Abbildung 6: Von der Personalverwaltung zum Personalmanagement (Holtbrügge 2010, S.2)... 27

Abbildung 7: Rollenveränderung in der Wissens- und Lernorganisation (Feninger, in Bahl 2009, S.209) 28

Abbildung 8: Integrierter Personalmanagement-Ansatz (Holtbrügge 2010, S.36).................. 36

Abbildung 9: Employer Brand ist Teilaspekt des Corporate Brands (Knöchel/Wiesler, in Schelenz 2007, S.196) 39

Abbildung 10: Verfahren zur Personalauswahl (Bröckermann 2007, S.93)........................... 44